« JEcommande »

Procédé quantique pour le développement suprême de votre fabuleux potentiel d'épanouissement heureux sur terre, le procédé « JEcommande » est une technique de psychologie énergétique conçue et développée par Sophie MERLE.

www.DivineCommande.com

19, rue Saint-Séverin, 75005 Paris
ISBN : 978-2-85327-434-0
contact@editions-medicis.com
www.dervy-medicis.com

Sophie MERLE

« JEcommande »

Procédé quantique
pour combler tous vos manques

Demandez et vous recevrez

Éditions Médicis

À Bruce Lipton, chercheur de génie

« Le plaisir est un élément essentiel à toute vie.
Nous avons été conçus pour carburer au plaisir.
Trouver le plaisir et éviter toute douleur est le moteur
de l'évolution humaine. »
Candace Pert[1]

---

1. Neurophysicienne mondialement connue, auteur du célèbre ouvrage *The science behing Mind-Body medecine*, Touchstone 1999, Simon & Shuster Inc.

CE QUE VOUS DEVEZ SAVOIR AVANT DE VOUS ENGAGER PLUS AVANT DANS LA LECTURE DE CE LIVRE

Notice importante sur l'utilisation du procédé « JEcommande »

Le procédé « JEcommande » fait partie de la famille des techniques dites de « psychologie énergétique » (aussi appelée « psychologie quantique »), dont les bienfaits font actuellement l'objet de sérieuses recherches scientifiques. Ainsi, notez que toutes ces techniques n'en sont encore qu'à un stade expérimental, y compris le procédé « JEcommande ».

Notez également que bien que possédant une solide connaissance des techniques énergétiques, et créatrice du procédé « JEcommande », je ne suis PAS psychothérapeute, ni physicienne diplômée de la santé mentale ou physique, et je me dégage et dégage l'éditeur de toute responsabilité envers l'usage que vous ferez du procédé « JEcommande », que vous pratiquiez la technique seul(e) ou avec des tiers (membres de votre famille, amis, collègues, patients, connaissances, etc.)

Le procédé **« JEcommande »** est une puissante technique énergétique qui nous permet de correspondre intimement avec nos propres forces créatives et d'en obtenir une aide prolifique dans tous les domaines de notre vie. Abondamment fécondes et présentes en chacun de nous, ces forces ont le pouvoir de combler n'importe lequel de nos manques, de panser n'importe laquelle de vos souffrances. Et cela, aisément, facilement, sur simple demande, à la commande.

Le procédé **« JEcommande »** est accessible à tous. Il s'adresse à tous ceux qui savent intuitivement que la vie peut être merveilleusement belle et agréable et qui cherchent un outil efficace pour les aider à bâtir sur terre leur propre version du paradis. Et cela, aisément, facilement, sur simple demande, à la commande…

Le procédé **« JEcommande »** est également un outil de soins d'une douceur infinie dans le traitement des traumatismes, de l'anxiété chronique ou autres problématiques psychologiques que les professionnels de la santé mentale auront du plaisir à utiliser pour ses puissantes facultés à aider leurs clients. Et cela aisément, facilement, sur simple demande, à la commande.

Le procédé **« JEcommande »** peut aussi être utilisé pour aider les autres « à distance » – amis, parents, animaux. Et cela aussi des plus aisément, facilement, sur simple demande, à la commande…

Le procédé **« JEcommande »** est une pure merveille d'efficacité que tout un chacun peut utiliser dans n'importe quelle situation sans jamais courir le risque de « mal faire », car véritable cadeau du ciel, le procédé agit toujours et en toutes circonstances « au plus haut degré de perfection ».

Remerciements

D'abord et avant tout, je tiens à offrir mes plus chaleureux remerciements à **Gary CRAIG**, créateur de **Emotional Freedom Techniques (EFT)**. À lui d'abord, car sans sa profonde générosité et les efforts qu'il a si longuement soutenus, la **psychologie énergétique** ne connaîtrait pas la rayonnante popularité dont elle jouit à l'heure actuelle. Et c'est de toute évidence à Gary Craig aussi, que de nombreux créateurs d'autres techniques, doivent leur notoriété, après les avoir présentés dans ses propres outils visuels d'apprentissage de EFT.

Au même titre, j'exprime une profonde gratitude au docteur **Fred GALLO,** inventeur du terme «**psychologie énergétique**» (Energy Psychology), qui a joué depuis le début, et continue de jouer, un rôle majeur dans la propagation des techniques énergétiques.

Et puis il y a le professeur **Bruce Lipton**, à qui ce livre est dédié. Chercheur en biologie moléculaire de renommée mondiale, auteur entre autres de La Biologie des croyances et de Évolution spontanée, c'est un être que nous sommes nombreux à vénérer pour sa façon de démontrer, avec intelligence, humour, et simplicité, des vérités aux concepts révolutionnaires qui sont en train de bouleverser le savoir que nous avons de nos possibilités de transformation heureuse de notre vie.

Ma plus sincère reconnaissance se dirige à présent vers le docteur **Larry Nims**, créateur de **Be Set Free Fast (BSFF)**, figure notoirement distincte dans le monde de la psychologie énergétique, puisqu'à l'encontre de EFT et autres méthodes dites de tapping, le Dr Nims juge inutile de passer par le réseau des méridiens pour traiter les problèmes, affirmant qu'il suffit de demander à son « fidèle servant » (l'inconscient) de faire le nécessaire, celui-ci s'y soumettant aussitôt prononcé un mot particulier (un mot-signal). Ainsi, MERCI du fond du cœur au Dr Nims pour m'avoir en premier montré le pouvoir incontestable du « JEcommande ».

Puis je remercie aussi chaleureusement **Grant Connolly**, créateur du procédé **ZPoint** (une technique cousine de BSFF) pour son idée géniale de laisser ce qu'il appelle des phrases « en suspend ». Ce modèle s'intègre au procédé « JEcommande » d'une manière différente de ZPoint, mais le concept est identique. Au même titre que certains des tenants les plus spirituels de la méthode **Theta Healing** développée par **Vianna Stibal** que je tiens également à remercier ici.

Mais pour finir, c'est au docteur **Randall Robirds,** médecin énergétique aux dons peu communs, que j'exprime une reconnaissance infinie. Grâce à lui j'ai trouvé ma voie dans la vie, ma raison d'être. Merci à cet homme extraordinaire, grand fabriquant de miracles devant l'éternel, qui a su me montrer comment faire aussi.

Avant-propos

Dès leur conception, il y a une trentaine d'années, les techniques dites de « psychologie énergétique » nous ont permis de guérir nos souffrances comme nous n'en avions jamais eu la possibilité auparavant. Sans plus de détresse à gérer au quotidien pour saper notre vitalité, nous pouvons enfin nous accomplir tel qu'il se doit, c'est-à-dire magnifiquement !

Comme chacun sait, c'est en progressant qu'on avance, ce qui ne s'applique pas seulement aux êtres vivants, mais aussi à la psychologie énergétique qui progresse chaque fois qu'une technique différente des autres vient s'ajouter à son palmarès, notamment quand celle-ci brille par une simplicité nouvelle tel que se présente le procédé « JEcommande » que je me plais à dire provenir de « Dieu sait où... Dieu Seul le sait ! ».

Il y a très longtemps que j'enseigne les techniques énergétiques, clamant haut et fort qu'elles sont simplissimes à utiliser par tout un chacun. Et c'est vrai que je le pensais sincèrement. Sauf qu'à la longue je me suis mise à penser autrement. J'ai fini par les trouver compliquées à utiliser seul(e), rechignant maintes fois moi-même qui les connais pourtant bien devant une entreprise en solo, faisant alors appel à un professionnel.

Non seulement c'était un comble que de dépenser de l'argent pour quelque chose que j'aurais dû pouvoir accomplir sans rien débourser, mais la longueur et la complication d'utilisation de ces techniques en sessions professionnelles me pesaient aussi de plus en plus. De fait, si vous pratiquez EFT, vous savez que pour obtenir des résultats probants nous devons faire preuve d'un esprit inquisiteur au moins aussi perçant que celui de Sherlock Holmes, nous attaquant aux problèmes avec une précision maniaque. À la longue, j'ai eu le sentiment de plus en plus net qu'on pouvait arriver aux mêmes résultats en empruntant une voie beaucoup plus simple et surtout beaucoup plus directe.

Je me suis donc penchée sur la question, passant de longues heures à rêvasser sur une méthode qui nous permettrait de guérir la source de nos problèmes sans avoir besoin d'aller en dénicher tous les tenants, les ciblant ensuite précisément au moment du traitement, et cela toujours sans rien en savoir concrètement. C'était peut-être beaucoup demander me direz-vous !

C'était effectivement beaucoup demander. Mais apparemment à qui demande beaucoup, beaucoup est donné car tranquillement, au fil du temps, des idées me sont venues. Des idées pas banales fondées sur mon expérience des techniques énergétiques et plus récemment sur ce que j'avais appris de la science de l'épigénétique, en particulier du professeur Bruce Lipton, mon maître à penser pour tout ce qui est du domaine de l'évolution humaine vue sous un angle scientifique.

Je savais cependant depuis bien longtemps, avant même de connaître quoi que ce soit des travaux du Pr Bruce Lipton, que je possédais le pouvoir de supprimer mes difficultés en évoquant la guérison des schémas profonds qui leurs donnaient corps. Et que pour cela, il me suffisait simplement d'en affirmer l'intention clairement, tout en me servant d'un mot-clé comme moyen d'intervention, tel que j'en avais une longue habitude dans ma pratique des techniques « sans tapping ». Cela cependant sans trop réfléchir au côté franchement mystérieux de ce mécanisme interne de guérison que nous possédons tous.

C'est seulement plus tard, en écoutant le Pr Bruce Lipton parler durant une conférence, que j'ai commencé à comprendre comment cette force intelligente qui réside en chacun de nous fonctionne. Comment celle-ci donne naissance à notre existence et à notre propre conscience. Ce « Dieu intérieur tout puissant » qui façonne notre vie et à qui nous pouvons demander explicitement de nous libérer de nos soucis. Or ce que je ne savais pas, et que Bruce Lipton explique clairement, c'est qu'il y a manière et manière de demander. D'où le succès ou le manque de succès dans la réponse que l'on en reçoit.

Entre-temps, je m'étais également formée à la pratique de la méthode Theta Healing de Vianna Stibal, où les demandes de guérison se font « par la commande » d'une manière extrêmement rigoureuse. Et bien que chaque fois plus fascinée par les résultats, je commençais toutefois à douter qu'une telle rigueur soit nécessaire. Ainsi il ne m'a pas fallu longtemps pour faire le rapprochement entre le portail d'accès à « Dieu » que, selon Vianna, nous ne pouvons atteindre qu'en grimpant (péniblement à mon sens) dans les hautes sphères où « Il/Elle » réside et la toute simple « clé » de Be Set Free Fast (du Dr Larry Nims) qui nous en donne un accès immédiat et sans chichi.

À partir de là, j'ai commencé à effectuer un rassemblement de toutes mes anciennes et nouvelles connaissances dans un procédé d'une très grande simplicité, tout autant que d'une efficacité encore jamais rencontrée dans aucune des techniques énergétiques qu'il m'avait été donné de pratiquer auparavant. Testé maintenant depuis plusieurs années, le procédé « JEcommande » possède tous les atouts que l'on peut souhaiter trouver dans une technique énergétique. Le mot « énergétique » (énergie) prenant ici sa véritable valeur d'Intelligence universelle.

C'est à Bruce Lipton que j'ai dédié ce livre en hommage à la profonde transformation humaine que ses découvertes ont déclenchée. Des découvertes cruciales sur le fonctionnement de nos cellules et de l'expression de notre patrimoine génétique, formant une branche nouvelle dans le domaine des sciences, nommée **épigénétique**.

La psychologie énergétique et la « nouvelle biologie », ou biologie quantique (l'épigénétique), entretiennent des relations très étroites. Outre Bruce

Lipton, d'autres physiciens de renom, parmi lesquels Candace Pert[1], s'accordent à dire que la psychologie énergétique est l'outil complémentaire aux grandes avancées que connaît actuellement la science dans le domaine de la génétique. Une trouée en fait des plus spectaculaires, issue de découvertes qui ébranlent fortement certaines vérités que l'on disait pourtant inébranlables.

Prenant appui sur ces données scientifiques révolutionnaires, la psychologie énergétique met à notre disposition un large éventail d'outils de soins, dont le procédé « JEcommande », qui tiennent compte des composants physiques et énergétiques de nos conflits internes et difficultés existentielles.

Souhaitant de tout cœur que le procédé « JEcommande » vous apporte à vous aussi une aide précieuse dans l'éveil de votre fabuleux potentiel d'épanouissement heureux sur terre, je vous remercie de votre présence ici.

Bien chaleureusement,

Sophie

P.-S. : si vous désirez être tenu(e) au courant des progrès qui s'appliquent au domaine en plein essor de la psychologie énergétique, je vous invite à vous abonner gratuitement au courrier « Santé et plénitude par les techniques énergétiques » sur l'un ou l'autre des sites suivants :
www.SophieMerle.com
www.DivineCommande.com

1. Auteur de *Les Molécules de l'émotion*, *op. cit.* et de *Tout ce que vous devez savoir pour vous sentir « divinement » bien*, Ada éditions, 2007.

PREMIÈRE PARTIE

La magie du monde dans lequel nous vivons

Nous existons dans un monde matériel étrange qui est à la fois de nature physique et non physique. Un monde véritablement « merveilleux » où le palpable comme l'impalpable procèdent originellement d'une onde saturée d'informations. Et qui dit informations dit aussi conscience, donc quelque chose de vivant et d'expressif.

La vie est une construction de l'esprit. Elle provient d'une volonté d'exister. Stipulé autrement, nous bâtissons notre existence terrestre en toute « âme et conscience ». Nous la créons selon les vues de l'esprit qui nous habite. Esprit, conscience, intention et volonté sont des mots qui veulent dire la même chose dans le processus de création.

Le matériau de construction de l'univers est sans substance matérielle. On ne peut ni le voir ni le toucher car il appartient au domaine de l'esprit

Au cœur de tout ce qui existe dans l'univers se trouve une banque de données informatives qui en produit spécifiquement la charpente. Qu'il s'agisse d'un paysage, de la forme d'un nez ou d'une situation, tout est issu de la même substance dans laquelle nous baignons entièrement et où chacune de nos idées, sitôt moulée à une volonté d'exister, voit immanquablement la lumière du jour.

Nous vivons dans un univers vivant, intelligent, organisé. Il n'y a rien d'inerte, de fragmenté ou de mort dans notre magnifique univers où tout prend sa source au niveau quantique (la conscience universelle). Sous notre monde de tous les jours se tient une réalité purement vibratoire où tout est intrinsèquement uni.

L'esprit est en deçà de tout ce qui existe dans la création

L'esprit vient en premier lieu. Il prime sur tout. C'est l'esprit (la conscience) qui forme la matière, qui moule la réalité. La conscience est le matériau de base de tout ce qui existe, le fondement de tout ce qu'on peut imaginer. Nous organisons notre monde physique d'abord en pensée au niveau quantique. Notre esprit est le niveau quantique. Il existe en dehors du cerveau dont il se sert comme outil physique.

C'est au niveau des cellules de notre corps que l'énergie (pure conscience/esprit) se transforme en matière

Nos cellules sont le fondement de notre vie physique. De nature à la fois physique et non physique, nos cellules s'occupent de traduire les informations de l'esprit en réalité physique. Nos cellules transforment l'esprit en la matière. Le corps et l'esprit ne font qu'un.

Nos cellules sont le fondement de notre vie physique

Nous possédons près de cent trillions de cellules qui travaillent en parfait accord, chacune prenant part à la santé de notre corps. Elles se joignent, instituant des groupes qui en forment toutes les différentes parties. Chaque cellule a une fonction définie et réside dans un endroit particulier mais toutes restent en communication étroite. Entraide et coopération sont leurs mots d'ordre.

L'ADN = 3 billions de données informatives

Chacune de nos cellules contient en son centre un noyau où se loge l'ADN, un lieu où elles vont puiser toutes les instructions nécessaires à la création de notre vie sur terre. L'ADN entrepose 3 billions d'informations (tout sur nous et sur chacun de nos ancêtres) dont l'ensemble forme notre patrimoine génétique, unique à chacun.

L'ADN est analogue à une vaste bibliothèque contenant une quantité phénoménale de livres gigantesques divisés en d'innombrables chapitres comprenant chacun des dizaines de milliers d'histoires qu'on appelle « les gènes ».

Nos cellules piochent dans l'ADN, colossal entrepôt de données génétiques, celles qui déterminent l'état actuel de notre santé, de notre vie affective et financière

Ce sont les cellules qui vont choisir dans l'ADN les instructions génétiques qui leurs sont nécessaires pour accomplir une tâche. Et non pas les instructions qui s'imposent à elles. Ce ne sont donc pas les gènes qui contrôlent l'activité des cellules comme nous l'enseigne la biologie classique. Les gènes n'ont aucun pouvoir de décision ou d'action. Ce sont uniquement des instructions, une ligne de conduite qui sera suivie ou non.

Les gènes n'ont pas de pouvoir d'action. Ce sont des informations. Comme un plan dessiné par un architecte, ce n'est pas le plan qui possède le pouvoir de bâtir un édifice

Puisque l'esprit prime sur tout, c'est l'esprit qui contrôle l'activité de nos cellules. C'est l'atmosphère particulière dans laquelle baignent nos cellules (leur environnement), qui leur dicte la ligne de conduite qu'elles doivent adopter, modifiant au besoin l'expression de nos gènes. Autrement dit, c'est l'ambiance qui règne en soi qui a la mainmise sur l'élaboration de notre existence terrestre.

Nos cellules œuvrent exactement de la même manière que la ribambelle d'ouvriers spécialisés qu'un maître de chantier embauche pour construire une maison, utilisant pour ce faire différents corps de métier. Nous avons les charpentiers, les couvreurs, les électriciens, les plombiers, etc., chacun s'occupant exclusivement de la tâche qui lui revient tout en suivant rigoureusement les désirs formulés par le maître des lieux, lui offrant un produit fini qui y répond trait pour trait.

Il en est de même pour nous. Nous sommes propriétaires de notre vie. Et par conséquent, propriétaires des centaines de milliards de cellules qui nous composent. Chacun de nous est détenteur du pouvoir d'articuler ses désirs et de voir à ce que ses cellules s'appliquent à la tâche demandée.

Nous pouvons volontairement influencer
le fonctionnement de nos cellules
dont chacune contient au sein d'elle-même
toutes les informations nécessaires
pour nous aider à vivre une vie bénie sur terre

Nous n'avons aucun ennemi en nous. Notre impression d'être victime du mal qui s'abat sur nous provient de l'ignorance que nous avons de notre propre puissance. Nous sommes à la barre. Nous tenons le volant. Et si les choses se gâtent, c'est parce que nous ne prêtons pas attention à la route. C'est parce que nous avançons les yeux fermés, d'où un éveil nécessaire pour éviter les obstacles.

L'Esprit

L'esprit se divise en deux parties que l'on nomme la partie consciente et la partie inconsciente (ou le « subconscient »). Jamais séparées, ces deux parties fonctionnent à l'unisson bien que de façon totalement différente l'une de l'autre.

Le conscient est notre esprit créatif. C'est cette partie de soi qui pense et imagine. Unique à chacun, le conscient est lié à notre identité ainsi qu'à l'aspect suprême de notre être, à notre « Soi ». Quant à l'inconscient, comme l'explique le Pr Bruce Lipton, c'est purement un appareil. Quelque chose qui par définition ne possède ni âme ni conscience.

L'inconscient est un instrument mis par la nature au service du conscient. Un million de fois plus puissant que le conscient, régulant toutes nos fonctions de 95 à 99 % du temps, le rôle de l'inconscient est de libérer le conscient d'une multitude de tâches à accomplir simultanément. L'inconscient s'occupe de tous les détails de notre vie selon des programmes enregistrés en lui, permettant au conscient de faire librement ce pour quoi il a été conçu. C'est-à-dire penser, imaginer, inventer, et créer.

L'inconscient est un instrument mis au service du conscient pour le libérer d'une multitude de tâches à accomplir simultanément

En contact permanent avec tous nos organes, toutes nos cellules, tous nos gènes, avec absolument tout ce qui existe, tant dans notre vie que dans celles des autres, c'est au travail de l'esprit inconscient que l'on doit l'extraordinaire cohérence qui se produit entre ce qui se passe dans notre existence et la teneur de nos programmes.

L'inconscient est une merveille d'*engineering*. C'est l'équipement fourni par la nature pour nous libérer de toutes les tâches dites « automatiques ». Dès que l'on a appris à faire quelque chose (formant un programme), on n'a plus besoin d'y prêter attention quand on s'y attelle. Ce qui nous permet d'ailleurs d'effectuer trente-six choses à la fois, et plus encore si l'on tient compte tout ce qui se passe à l'intérieur de notre corps pour nous maintenir en vie. Une force phénoménale de contrôle et d'action que l'inconscient met entièrement au service du conscient pour permettre à ce dernier de s'occuper de choses « plus élevées ».

Cette mécanique fantastique possède tout de même une faiblesse lorsque l'on n'y fait pas attention, car ce merveilleux instrument qu'est l'inconscient possède les capacités de nous « obliger à obéir » aux programmes qu'il a enregistrés. Si le programme dit que nous devons penser ceci plutôt que cela dans telle ou telle situation, agir de cette façon là et pas autrement, nous sommes « forcés » de nous plier aux diktats. Ce qui s'avère être une fonction de l'inconscient immensément utile et bénéfique quand les programmes sont de nature productive. Hélas, nos programmes ne sont pas toujours productifs, loin s'en faut. Certains programmes peuvent même être à l'origine d'ennuis graves dont on ne parvient jamais à se défaire.

Lorsque les choses ne vont pas comme on le voudrait, c'est bien entendu sur les programmes qu'il faut agir, mais aussi sur un esprit conscient mis en veilleuse. Quand le conscient est endormi, qu'on ne prête plus consciemment attention à rien, on existe sur pilote automatique, à la merci de programmes que l'inconscient ne possède pas les moyens de modifier de lui-même.

L'inconscient est là pour aider le conscient. C'est lui qui est au service du conscient. Comme le dit et le répète Bruce Lipton, l'inconscient est un instrument. Il n'y a personne dedans. On ne peut pas lui parler et lui demander de changer un programme. Il ne nous entend pas. Il ne possède aucune conscience. C'est à nous de mettre l'appareil en mode d'enregistrement et de pousser la touche qui permet d'effacer les programmes qui ne nous conviennent pas et d'en installer d'autres mieux adaptés à la vie que l'on souhaite vivre. Exactement de la même façon qu'on efface un enregistrement de musique sur une cassette en le remplaçant par autre chose.

Le problème, c'est que nous n'observons pas consciemment les programmes que joue l'inconscient. Des programmes qui peuvent avoir été mis en place dans notre toute jeune enfance, voire provenir de notre lignée ancestrale, lovés dans les informations contenues dans l'ADN, formant l'ensemble de notre patrimoine génétique. Ainsi agissons-nous non seulement en accord avec des programmes mis en place dans l'inconscient durant notre vie depuis l'instant de notre conception (nous dictant nos comportements et façons de penser), mais aussi selon des programmes ancestraux passés de génération en génération, tel un thème de pauvreté par exemple.

Doté d'une puissance de manifestation un million de fois supérieure à la puissance de l'esprit conscient, l'esprit inconscient est un merveilleux allié. Mais seulement quand on se place en charge de le surveiller, réalisant pleinement que tout ce qui nous arrive ou ne nous arrive pas dans la vie, provient de programmes engrangés en lui. Et surtout qu'on peut les changer. Et tout particulièrement vite et bien au moyen du procédé « JEcommande ».

Avec le procédé « JEcommande », vous pouvez effacer les programmes qui ne vous conviennent pas et en enregistrer d'autres. Le procédé vous met au volant de votre vie. Vous en prenez le contrôle. Vous réfléchissez à ce que vous voulez que l'esprit inconscient fasse pour vous en suivant certains programmes spécifiques, et vous appuyez sur la touche d'enregistrement pour y introduire le nouveau programme. C'est aussi simple que ça, incroyablement simple. Vous êtes aux commandes...

Avec le procédé « JEcommande », vous voici aux commandes de votre vie. Qu'allez-vous commander ? Vous pouvez commander tout ce que vous voulez. Il ne s'agit que de nouveaux programmes à installer dans votre inconscient... facilement... aisément... Oui, qu'allez-vous commander volontairement... délibérément... intentionnellement à la miraculeuse force créatrice que vous êtes ? À vous de jouer !

Intention et volonté dans le processus de création

Certains physiciens d'avant-garde comme Bruce Lipton, Candace Pert, William Tiller, Gary Schwartz, etc., ouvrent des perspectives fabuleuses sur les possibilités de l'esprit humain intrinsèquement lié à l'Intelligence universelle.

Notre esprit (dans son aspect supérieur) est lié à la conscience suprême de l'univers. Nous en sommes directement issus. En d'autres mots, et comme les chrétiens le disent, nous sommes des « enfants de Dieu ». Mais pas besoin d'avoir la foi pour croire en l'existence du dieu que les fabuleuses découvertes de la biologie quantique nous dévoilent.

La nouvelle biologie, en accord avec les sciences quantiques, preuves à l'appui, affirme que nous émanons d'une force intemporelle qui réside au-delà du bien et du mal (en dehors de la dualité). Suprêmement intelligente, c'est une force qui est omniprésente dans tout ce qui existe dans la création et qui nous y lie intimement. Que nous l'appelions Dieu, le Divin ou « Intelligence universelle », cette force créatrice est notre essence. C'est la substance vitale qui pourvoit à tous nos besoins.

Ce qui veut dire, en clair, que NOUS pourvoyons personnellement à tous nos besoins...

Ah, nous y voilà !

Nous y voilà à ce concept si difficile à comprendre rationnellement. D'où la question que tout le monde se pose : Comment pouvons-nous être nanti(e)s d'un pouvoir créatif souverain et en même temps souffrir de tant de manques ? Si nous possédons véritablement le pouvoir de créer à volonté tout ce que nous voulons, comment se fait-il que nous n'utilisions pas ce pouvoir pour créer toute la santé et la vitalité, tout l'amour et la prospérité qui nous font défaut ? Comment pouvons-nous manquer de l'essentiel quand nous possédons ce pouvoir créatif fantastique ?

Ce pouvoir existe en une dimension à laquelle on accède par la conscience. C'est le champ créatif fondamental d'où notre réalité émane, moulée selon la nature de nos pensées, conscientes et inconscientes, ces dernières prenant le pas sur les premières quand nous laissons « les choses se faire », sans intervenir consciemment. Autrement dit, quand nous vivons « endormis », nous activant machinalement à nos tâches quotidiennes, sans la moindre pensée dirigée envers la nature supérieure de notre être. Et surtout, sans jamais faire le lien entre l'état d'esprit qui nous habite et la qualité de notre existence quotidienne.

Ce pouvoir créatif nous le possédons tous. C'est la manière de nous en servir qui diffère. Or rien n'est impossible à qui s'éveille et réalise sa responsabilité dans la création de sa vie. Nous ne sommes pas des jouets aux mains du mal. Mais des êtres immensément puissants qui possèdons le pouvoir de faire de notre vie un modèle de joie et de bonheur.

L'intention est la puissance motrice du procédé créatif. Le bon, le moins bon, l'excellent comme l'affreux, rien n'existe dans notre vie sans qu'on ait exercé notre intention de façon consciente ou inconsciente.

L'intention est la puissance motrice du procédé créatif. Rien n'existe dans notre vie sans qu'on ait exercé notre intention au niveau fondamental de création, c'est-à-dire au niveau quantique où nos pensées règnent en maître. Nous vivons dans un univers influencé par la pensée, donc par la volonté et l'intention. Nos états d'âme, nos pensées, nos croyances moulent notre réalité. Et c'est là où le bât blesse lorsque nous ne nous connaissons pas. Lorsque nous ne savons pas quelles sont nos intentions réelles, puisque souvent cachées du conscient.

Mais qu'à cela ne tienne. Le procédé « JEcommande » incite notre « Moi » supérieur, cette partie la plus élevée de notre conscience, à se rendre à la source de nos problèmes pour en transformer l'intention première sans que nous ayons besoin de savoir consciemment ce en quoi celle-ci consistait. L'essentiel, c'est de parvenir à dépasser le problème et d'intégrer dans sa vie des situations nouvelles riches en bonheur et satisfaction.

Devenir le meilleur de soi-même

Nous entendons beaucoup parler ces jours-ci de « développement du potentiel humain », de « cheminement évolutif » ou encore de « croissance personnelle ». Mais qu'est-ce que cela veut dire au juste ?

Cela veut dire que nous possédons des talents spéciaux qui, dès qu'ils sont exploités, autorisent un formidable épanouissement dans la vie. Nous en servir nous rend merveilleusement heureux. Même s'il nous faut travailler dur, le travail se fait pur plaisir. Ce sont des dons qui nous favorisent dans la vie. Ils nous rendent différents des autres, nous offrant les moyens d'exploiter notre individualité. Mais ce sont des capacités dormantes chez la plupart des gens. Et qui le resteront à moins d'être activées.

Nous possédons une mine de talents inexploités qui font partie de notre patrimoine génétique. Les informations inscrites dans nos gènes dépassent tout ce qu'on peut imaginer. Elles peuvent nous aider à accomplir des miracles, des choses qui nous semblent a priori impossibles. Elles dorment au sein de nos centaines de milliards de gènes « inactifs » dont

« l'éveil » va nous permettre d'afficher des comportements correspondant à l'exploitation de ces dons.

N'importe lequel de nos désirs, aussi peu réalisable qu'il puisse sembler dans la structure actuelle de notre vie, possède les données génétiques qui peuvent le rendre faisable dans les meilleures conditions qui soient. Ce potentiel latent (endormi) existe en chacun de nous et se « réveille » par le vouloir. Autrement dit, en prenant une part active dans la création de sa vie. Nos capacités à vivre la vie pleinement satisfaisante que l'on veut vivre résident dans nos gènes et le procédé « JEcommande » incite nos forces supérieures à les activer.

Les gènes gouvernant le bonheur existent en chacun de nous et nous pouvons tous faire en sorte de les « éveiller » de leur « endormissement ». De nouveaux talents peuvent fleurir à tout âge et nos possibilités d'épanouissement heureux dans la vie ne cessent jamais. Il n'est jamais trop tard pour exploiter des dons jamais encore devinés en soi. Il suffit juste de bousculer l'idée qu'on ne peut pas le faire, que c'est une tâche impossible à accomplir.

Le seul véritable obstacle est la routine et le refus d'y instiller le moindre changement. Et plus spécifiquement le refus de se nourrir l'esprit. Car s'ouvrir à des idées nouvelles peut nous apporter plein de bonnes choses, improbables autrement. Pour vivre une vie heureuse et remplie, nous devons participer consciemment à son processus de création. Et exprimer à fond ce que nous possédons de meilleur en nous.

La loi de l'attraction

Vous savez sans doute ce qu'est la « loi de l'attraction ». Très à la mode ces temps-ci, cette loi fait de nombreux adeptes. C'est une loi qui pourrait facilement s'appeler aussi la loi de « qui se ressemble s'assemble ». Une loi somme toute banale puisque nous sommes naturellement attirés par ce que nous connaissons déjà. Nous allons facilement vers ce qui nous est connu. Le familier est sécurisant, nous y avons nos repaires.

Or hélas, trois fois hélas en ce qui concerne la « loi de l'attraction », car pareille à toute autre loi, celle-ci possède des règles strictes dont le manquement va nous attirer de sérieux ennuis. La loi de l'attraction dit que nous devons nous conformer à une série de « vérités universelles » au risque sinon de vivre des situations « négatives ». Selon les vertus de cette loi, si nous subissons des choses désagréables c'est que nous le « méritons » parce que nous ne sommes pas en alignement avec le bon, mais avec le mauvais. Autrement dit, nos « vibrations » vibrent mal !

Ainsi et toujours en fonction de cette loi, si nous sommes continuellement fauchés, si nous vivons dans l'attente (toujours vaine) de rencontrer l'âme sœur, si nous sommes incapables de trouver un emploi satisfaisant, peu importe le problème, la loi de l'attraction dit que cela nous arrive en raison de notre « négativité ». Elle n'en reste néanmoins pas là, nous expliquant comment trouver la rédemption. Et c'est tout simple. Pour repartir d'un bon pied sur le droit chemin, il suffit de se mettre à penser droit, à penser juste, à penser « positif ». Voilà qui est d'une logique à toute épreuve digne d'une loi !

Dans l'absolu, c'est d'ailleurs tout à fait vrai. Le « positif » est comme un soleil qui rayonne de bonheur. Il nous tient chaud et nous rend heureux. Tandis que le « négatif » nous fait froid dans le dos. C'est la noirceur, la malveillance à l'image du diable et de ses sombres manigances. Personne n'aime le diable (la négativité) et chacun de nous cherchons à nous en protéger. C'est naturel. Seulement s'enfuir à toutes jambes dès qu'on l'aperçoit ou lever le glaive de la « positivité » n'est pas le bon remède comme les pratiquants déçus de la « loi de l'attraction » en témoignent.

Le bon remède, c'est d'aller y voir de plus près. Il faut s'engager dans la noirceur, savoir de quoi elle retourne, et en guérir la source qui provient toujours, absolument toujours, d'une histoire triste à fendre le cœur. La négativité est immanquablement issue de traumatismes, de détresses terribles à vivre, de besoins fondamentaux impossibles à combler. Elle prend sa source dans les profondeurs de notre être, parfois même engrangée depuis des générations dans notre lignée familiale, nous offrant en héritage dès la naissance une propension à la tristesse et au vécu sur terre de manques qui restent perpétuellement insatisfaits.

Mais peu importe d'où provient exactement la négativité qui règne en nous et qui se reflète dans les situations « négatives » que nous vivons au quotidien. Plutôt que de la honnir, de la repousser avec dégoût, nous pouvons maintenant la guérir. Le procédé « JEcommande » nous en donne les moyens de manière immensément douce et facile. Le positif se déploiera alors majestueusement dans votre vie, se montrant de lui-même, sans que vous ayez à forcer quoi que ce soit.

La pratique du procédé « JEcommande » permet de se transformer au plus profond de soi-même en y guérissant tout le chagrin, toute la détresse, toute la « négativité » qui s'y trouve. Et, de là, transformer son existence d'une manière véritablement enchanteresse. Vous ne pouvez vous figurer la prodigieuse portée du procédé « JEcommande » qu'en l'essayant.

Le procédé « JEcommande » et la « loi de l'attraction »

Lorsque nous désirons améliorer notre existence en suivant les principes décrits dans de nombreux ouvrages traitant de la « loi de l'attraction », arrive un moment où la plupart d'entre nous commençons sérieusement à douter de son efficacité. En dépit de toutes les promesses de bonheur que leurs auteurs nous ont faites, nous menons toujours la même vie morose. Que se passe-t-il ?

Ce qui se passe dans ce cas fréquemment rencontré, c'est que nous ne sommes pas au même diapason que l'enseignement diffusé dans ces livres. Aussi alléchantes que soient les instructions qui nous sont fournies, nous ne parvenons pas à les intégrer dans notre esprit inconscient. Le thème nouvellement suggéré ne peut y pénétrer en raison de programmes déjà mis en place qui ne s'accordent en rien avec ces nouvelles idées. Et nous ne pouvons forcer les choses, y compris en répétant des affirmations à longueur de journées. Nous possédons évidement les moyens de changer n'importe quel programme, mais la marche à suivre est différente. Il faut appuyer sur la touche d'enregistrement de l'appareil.

Notre esprit inconscient, comme l'indique le Pr Bruce Lipton, est un instrument. Un instrument dont les fonctions relèvent du phénoménal mais qui n'en reste pas moins un instrument. Une chose sans âme ni conscience, sous nos ordres, juste là pour nous servir. Nous servir efficacement quand nous lui ordonnons quoi faire.

S'occupant à la perfection de tous les aspects de notre vie, l'inconscient mérite bien le titre de « fidèle servant » que lui a attribué le Dr Larry Nims, créateur de BSFF (Be Set Free Fast). C'est un auxiliaire d'une efficacité sans égale dans l'accomplissement de toutes les tâches qui lui sont ordonnées. Fidèle servant autant que « fidèle à son maître », il suit un planning d'action qui répond en tout point à nos besoins, écoutant rigoureusement des instructions qui se trouvent engrangées en lui sous forme de programmes. Des programmes qu'il est néanmoins incapable de changer de lui-même. C'est à nous d'intervenir consciemment, volontairement, intentionnellement, délibérément... mais pas n'importe comment. Il y a une manière de faire bien précise.

Le premier pas quand nous voulons transformer notre vie, c'est d'accepter l'idée que nous fonctionnons essentiellement à partir de programmes. Nous sommes ainsi conçus. Ce sont des programmes engrangés dans notre inconscient qui sont à l'origine de tout ce qui nous arrive, le bon, le moins bon, comme l'affreux. En outre, et c'est un fait capital à retenir, rien ne peut se produire qui ne soit issu d'informations avec lesquelles nous sommes en parfait accord à certains niveaux de notre être. Nos programmes répondent à des désirs inconscients. Ils peuvent même se composer d'idées héréditaires qui trottent automatiquement dans notre vie. De là l'importance d'apprendre à bien se connaître. Savoir qui l'on est vraiment. Et nous débarrasser du superflu.

Nous ne pouvons intervenir concrètement sur le bâti de notre réalité quotidienne qu'en nous penchant sur la table de travail où se trouve le plan de construction de notre vie, tel un plan d'architecte que ce dernier modifie pour y corriger les erreurs qui peuvent se produire en cours d'édification d'un bâtiment ou pour y ajouter des éléments. L'architecte ne va pas hurler, pleurer ou parlementer avec le maître de chantier, mais retoucher tout simplement le plan.

Ainsi, en tant qu'architecte en plein contrôle du plan que suit le maître de chantier (dans ce cas notre inconscient) pour s'occuper du bâti (continuel) de notre vie, notre premier devoir est de surveiller ce bâti de près afin de relever les aspects qui s'avèrent peu à notre goût et de modifier les instructions initialement données. Ce qui se fait en localisant l'appareil qu'est l'inconscient et en appuyant fermement sur la touche d'enregistrement pour y insérer les nouvelles données.

Mais où réside notre esprit inconscient? Où pouvons-nous le contacter? Comment lui soumettre les données d'un nouveau plan? La réponse se trouve dans les fantastiques découvertes de l'épigénétique. Comme l'affirment le Pr Bruce Lipton ou la neurophysicienne Candace Pert, l'inconscient réside partout dans le corps. C'est notre corps. L'esprit et le corps ne font qu'un. Lorsque nous désirons améliorer notre existence, nous ne pouvons ignorer les recherches menées en science de l'épigénétique et de ce qu'elles nous apprennent sur nos cellules et leur merveilleux mécanisme de fonctionnement.

Le rôle de nos cellules est de faire de l'intangible quelque chose de palpable. C'est elles qui servent de pont entre le monde de l'esprit et le monde de la matière, construisant et édifiant le concret selon des données qui n'existent qu'en conscience. Elles organisent notre vie physique en suivant le plan exactement tel que nous l'élaborons en esprit au niveau quantique de notre être. Nos trillions de cellules sont nos aides de camp. Sans elles nous ne pourrions exister sur terre. Nous n'existerions qu'en esprit, en fantômes !

Aussi difficile à admettre que cela soit pour nous qui n'avons aucun moyen d'aller concrètement vérifier ce que les nouvelles sciences nous dévoilent, nous avons une armée de cellules à notre service qui nous obéissent au doigt et à l'œil. Pour le meilleur comme pour le pire, nos cellules suivent nos ordres. Ce qui revient à dire en ce qui concerne l'élaboration du « pire », que veut, veut pas, nous aurions peut-être bien notre part de responsabilité.

Inutile pourtant de culpabiliser car comment aurions-nous pu le deviner ? Il n'y a pas si longtemps que la biologie quantique existe pour nous expliquer les mystères du monde cellulaire. Et ce sont beaucoup de nos croyances traditionnelles qu'elle bouleverse par la même occasion.

Mais comme le dicton nous le suggère sagement, « qui va piano, va sano ». Rien ne nous oblige à gober toutes ces découvertes d'un coup. On peut les ingurgiter tranquillement, lentement, à notre rythme, chaque fois mieux convaincu(e) de leur véracité à l'usage du procédé « JEcommande » qui nous en donne des preuves incontestables.

Vous serez ainsi capable d'intégrer dans votre vie une nouvelle façon d'être qui ne manquera pas de vous surprendre. Ce qui auparavant pouvait vous excéder, n'aura plus la même portée. En clair, vous deviendrez exactement la personne que vous désirez être. Et avec quelle facilité ! Il se peut même que vous ne vous reconnaissiez plus après quelques temps de pratique !

Vos peurs s'envoleront, tout comme vos kilos en trop si vous désirez maigrir. Plus rien ne vous empêchera d'atteindre vos buts que vous réaliserez par ailleurs facilement car les efforts que vous fournirez en ce sens vous sembleront tout naturels. Ce qui va se passer, c'est que vous deviendrez le « meilleur de vous-même » chaque jour davantage. Exploitant votre individualité à fond, vous vivrez selon de nouveaux principes, l'esprit ouvert à des horizons nettement plus vastes que la plupart des gens.

Vous deviendrez véritablement quelqu'un qui se différencie de la masse. Vous élargirez aussi vos limites, vous créant une vie passionnante. À ce sujet, vous aurez d'ailleurs bien plus de possibilités d'épanouissement qu'auparavant. Les choses que vous voulez viendront aussi beaucoup plus facilement à vous que par le passé. Il vous suffira parfois tout juste d'exprimer une envie pour qu'une succession d'événements fortuits vous l'apporte de façon totalement inattendue.

Vous continuerez bien entendu à faire des efforts, à travailler parfois très dur, mais vous n'aurez plus les mêmes sensations d'épuisement ou de lassitude qu'avant. Vos tâches vous paraîtront plus faciles à gérer avec bien moins d'énergie à dépenser. Si vous aviez tendance à beaucoup dormir, il se peut que vous finissiez par ne plus avoir besoin que de quelques courtes heures de sommeil tout en bénéficiant d'une vitalité accrue.

Et pour finir, vous réaliserez un beau jour que vous vivez la vie de vos rêves et que vous avez réussi à bâtir sur terre votre propre version du paradis. Tout naturellement, sans jamais avoir rien forcé. Sans obligation de « penser positif », sans obligation d'aucune sorte, sinon persister dans votre travail de développement personnel, effaçant de votre registre d'action tous les programmes inconscients qui s'opposaient auparavant à cette vie bénie.

DEUXIÈME PARTIE

Introduction à la pratique du procédé «JEcommande»

Le procédé «JEcommande» part du principe que tout être humain possède une force innée qui lui permet de guérir les souffrances qui habitent son corps, sa vie, son esprit, l'autorisant à bâtir un quotidien aussi agréable à vivre que possible.

Il y a peu de temps encore cela paraissait faire partie du domaine du rêve. Il fallait être en plein délire pour s'imaginer posséder la moindre parcelle de pouvoir sur les circonstances de sa vie. Le bon, le moins bon, comme le fâcheux, tout tenait au hasard. C'était soit l'un, soit l'autre, chanceux ou pas chanceux. Tiens, là j'ai de la chance, là je n'en ai pas et je n'y peux rien.

Or, on s'est aperçu que la chance elle-même se fabrique. Maître à 100 % de tous les différents aspects qui composent l'ensemble de notre vie, la chance dépend de notre bon vouloir. Fini le hasard qui fait bien ou mal les choses. Les contretemps, les obstacles, les déraillements naissent de raisons qui ont leurs raisons d'être. Au même titre qu'une avancée sans à coup dans la vie possède elle aussi ses raisons d'être. Des raisons qui ne reposent nulle part ailleurs qu'en soi, dans un monde si profond qu'il en devient pure énergie, pures informations vibratoires.

La science se mêle à présent de nous ouvrir l'esprit en divulguant des faits qui ébranlent nos anciennes croyances. Les travaux de recherches qui s'effectuent dans le domaine particulièrement innovateur de la microbiologie remettent en cause des vérités que l'on croyait éternelles. Un sérieux changement d'optique sur le fonctionnement de notre patrimoine génétique s'impose, obligeant à s'adapter à des connaissances nouvelles diamétralement opposées à celles que nous possédions déjà.

En pleine époque charnière de l'histoire, ce que nous entendons de la science n'est certes pas facile à croire. Surtout lorsqu'on nous dit que nous sommes tout sauf des êtres impuissants. Que nous sommes au contraire des êtres nantis d'une force créatrice infiniment puissante qui nous autorise à nous réaliser au-delà de nos plus folles espérances. L'ignorance d'un tel pouvoir est de toute évidence ce qui nous fait le plus de mal, réprimant sans le savoir de grandioses possibilités innées. Ou plus regrettable encore, lorsque nous affirmons que ce pouvoir personnel n'existe tout simplement pas.

Car le hic, et il s'agit bien d'un hic de taille, c'est que tel un muscle, cette force demande à être travaillée pour se montrer clairement. En d'autres termes, il faut faire des efforts conscients pour la voir, pour savoir qu'elle est là. Et les efforts, ce n'est pas du tout ce que l'on nous propose habituellement dans les cercles bien avisés du « nouvel âge », où, à ce qu'il paraît, tout devrait nous tomber tout cru dans le bec dès lors que l'on possède « la foi ». La manne céleste donnée dans une béquée divinement orchestrée. Et nous d'attendre et d'attendre, allant pour finir rejoindre la foule de plus en plus dense des grands déçus de principes métaphysiques qui ne tiennent effectivement pas la route par oubli d'y inclure (et dans le bon ordre) la célèbre maxime : « Aide-toi et le ciel t'aidera ! »

Nous vivons dans un monde où il ne suffit pas d'avoir les yeux levés au ciel pour que « ça » vienne. Nous vivons dans un monde actif, débordant de vitalité, toujours en mouvement. Un dynamisme qui par ailleurs, dès que bien dosé, est ce qui nous rend la vie amusante, intéressante, passionnante. Ainsi, et à l'encontre d'un végétal qui attend passivement des soins d'arrosage pour se développer, nous, en tant qu'êtres humains, ne pouvons attendre au risque de nous flétrir. Nous devons prendre les choses en main, agir pour nous épanouir.

Nous voulons tous instinctivement progresser dans la vie, aller de l'avant, développer des projets. Nous avons tous un besoin vital de croître jusqu'à maturité de notre fabuleux potentiel de réalisation dans l'existence. Un potentiel extraordinairement riche en capacités encore inexploitées repose en nous. Un potentiel que nous savons intuitivement posséder, couplé à un puissant désir d'en faire l'expérience, ceci s'avérant néanmoins extrêmement difficile pour la plupart d'entre nous. Pourquoi ? Que se passe-t-il ? Pourquoi sommes-nous si facilement bloqués dans nos tentatives de progression ?

La réponse tient au fait que nous laissons notre vie se dérouler à sa guise. Nous ne la prenons pas consciemment en charge. Le terme « consciemment » voulant dire de manière éveillée, tout le contraire d'endormi. Auquel cas, tel un navire qui part à la dérive, frappant écueil sur écueil parce que le commandant est absent, notre vie reste sous les ordres d'une myriade de matelots incapables de bien la diriger, car trop jeunes, sans expérience et toujours en conflit les uns avec les autres.

Ce navire à la dérive est une représentation exacte de notre vie quand nous ne la dirigeons pas de manière consciente, que nous ne sommes pas au courant de ce qui se passe en soi et tout autour de soi. Nous laissons alors différentes parties de nous-même prendre la barre quand ça leur chante, c'est-à-dire n'importe quand, n'importe comment. L'une se dit, tiens, tiens, là c'est moi qui sais. L'autre se dit en même temps, non, non, là c'est moi qui sais. D'où nos conflits intérieurs et tiraillements dans tous les sens lorsqu'il s'agit de prendre une décision importante ou simplement d'avancer librement.

Ces matelots qui s'approprient la place de commandant (par la force des choses puisque celui-ci a baissé la garde) sont des parties fragmentées de soi. C'est nous dans nos souvenirs malheureux de jeunesse. C'est nous dans nos moments de détresse et de faiblesse. C'est nous dans tout ce qui nous fait souffrir. Bref, c'est nous dans un aspect de soi toujours au plus mal, rempli de chagrin, en manque, courroucé, peu importe. Pour ces parties fragmentées de nous-mêmes, c'est toujours le drame. Il n'y a que des limites. Rien ne va jamais bien. Bourrées de préconçus, vivant dans la crainte, pleines d'idées fausses sur leur valeur et la vie en général, nous les laissons néanmoins faire comme bon leur semble, sans leur accorder la moindre attention. Ou alors c'est pour les insulter et les rabaisser en raison de leur soi-disant « négativité », auquel cas on ne veut toujours ni les voir ni les entendre. Et c'est bien dommage.

En fait c'est incroyablement dommageable, car à la seconde où ces parties blessées, ahuries de chagrin, de colère, de culpabilité, abandonnées, rejetées, bafouées, se sentent écoutées, comprises, acceptées, c'est la joie et le bonheur. Aimées, accueillies, elles quittent immédiatement l'ombre pour se joindre à nous dans des retrouvailles qui nous enrichissent considérablement la vie.

Pour que ces parties en souffrance puissent s'élever de leur gouffre, la manœuvre est simple avec le procédé « JEcommande ». Il suffit de leur accorder l'attention qu'elles réclament. Non pas une attention critique comme nous n'avons que trop tendance à le faire, ou pleine de condescendance, mais une attention qui vient du cœur dans un vrai ressenti des souffrances qu'elles expriment. En d'autres mots, on plonge dans le gouffre un instant avec la partie éplorée de soi, on lui tend la main avec amour, et hop, on la tire de là vite fait bien fait pour la ramener à la lumière. Vous voyez comme c'est simple et, somme toute, bien naturel.

Nous prenons conscience de ce qui se passe à l'intérieur de soi, et tout autour de soi sans rien rejeter ni repousser. Au contraire, nous acceptons les choses telles qu'elles sont, nous occupant essentiellement d'en identifier le ressenti quand elles nous font du mal. Auquel cas le mal en question, le symptôme, va servir de pont conduisant au plus grand des mystères.

Dans la pratique du procédé « JEcommande », notre seul et unique rôle (de façon consciente s'entend) est d'annoncer clairement qu'il y a quelque chose qui ne tourne pas rond et que l'on en souffre. Nous parlons sans détour de nos problèmes en exprimant franchement tout ce qu'ils engendrent en termes de difficultés et détresses en tous genres. Nous procédons un peu de la même manière que lorsque nous confions nos peines à un ami intime. Sauf que là nous parlons à un ami aux dons peu ordinaires qui en font un allié tout-puissant.

Avec le procédé « JEcommande », nous utilisons un composant de notre esprit aux capacités si élevées qu'elles se qualifient de « divines ». Des capacités auxquelles nous accédons tout simplement par la volonté d'y accéder. Et cela sans dévotion aucune puisqu'il s'agit de notre propre conscience dans son état créatif parfait. Nous avons le devoir de diriger consciemment les opérations. C'est notre rôle en tant qu'être puissant et créatif. Nous devons passer aux commandes de notre vie de façon déterminée, nette, franche, l'esprit éveillé, bien présent, bien au courant de ce qui se passe en soi et tout autour de soi, pour faire de notre vie l'œuvre magnifique qu'on en veut.

L'influence de notre réalité cosmique

Toutes les informations relatives au bâti de votre vie dans son ensemble (passé, présent, futur) sont accessibles à la partie la plus élevée de votre être, votre conscience supérieure (ou cosmique). Toutes vos possibilités de bien-être dans la vie lui sont connues ainsi que toutes vos capacités à les développer magnifiquement. Tout ce qui est utile à votre épanouissement dans l'existence est encodé en vous et totalement à votre portée dès l'instant où vous en faites clairement la demande. Dès le moment où vous fonctionnez sur un plan de conscience élevé, vous pouvez obtenir tout ce que vous voulez. Voilà l'influence de notre réalité cosmique exprimée dans son infinie grandeur. Nous avons le pouvoir de vivre une existence riche et prospère, une vie vraiment heureuse.

Le procédé « JEcommande » peut vous y aider grâce à des composants « magiques » qui en font un outil fabuleux. Le terme « magique » n'est pas un mot à prendre ici dans le sens de ténébreux, obscur ou occulte. C'est tout le contraire. La magie dont nous parlons ici est éblouissante de clarté et de bonté. Nous faisons fonctionner intentionnellement (à la demande, sur commande) une force qui se tient entièrement au service de notre bien-être sous toutes ses formes possibles et imaginables.

La communication intérieure

Ce qu'il faut absolument comprendre en termes de « magie », c'est notre pouvoir de communication directe avec la partie divine de notre être. Un pouvoir impossible à envisager sans éveil spirituel. Et tout aussi impossible à diriger d'une façon qui nous est bénéfique quand nous ne savons même pas que ce pouvoir de communication existe.

Notre langage de tous les jours, celui que nous employons couramment, est compris dans ses plus fines subtilités par ce que l'on nomme la « Conscience universelle ». Une « Intelligence cosmique » dont nous sommes l'expression individualisée, possédant les mêmes capacités créatrices. Nous sommes des êtres immensément puissants en mesure de communiquer concrètement avec cet aspect supérieur de nous-même aux possibilités illimitées dans le temps et dans l'espace.

De là l'importance de nous tenir au courant des découvertes révolutionnaires qui se produisent dans le domaine en plein boom des « nouvelles sciences ». Ces connaissances sont d'un intérêt capital à notre évolution et à notre croissance dans la vie. Nous ne pouvons rester dans l'ignorance de ces fabuleuses découvertes au risque de nous empêcher de vivre la vie que nous sommes destinés à vivre. Une vie en tout point merveilleuse.

L'expression « parce que... »

Le procédé « JEcommande » incorpore un composant qui nous prouve, sous toutes les coutures possibles et imaginables, qu'une « entité » infiniment puissante « logée quelque part en nous » est à notre écoute. Ce composant « magique » est l'expression « parce que », que nous utilisons en fin de chaque phrase d'investigation des « raisons, causes et origines » de nos problèmes. Ce terme particulier est ce qui fait la prodigieuse efficacité du procédé « JEcommande ». Son incompréhensible magie si vous préférez. Il nous suffit d'indiquer quelles sont les informations à extraire de la masse d'informations accessibles à cette fameuse « entité intérieure ». Un peu comme on discuterait avec quelqu'un en possession de tout le savoir de l'univers. Autant dire en possession d'un savoir infini.

Pour vous donner un exemple, disons que tout à coup vous ressentiez les premiers symptômes d'un sérieux mal de tête. Plutôt que de courir vers votre boîte à pilules, vous pourriez tout simplement dire : « Je commence à avoir mal à la tête parce que... » (répétant encore silencieusement « parce que » une dizaine de secondes à la suite de la phrase). Et là, par le plus grand des mystères, toutes les raisons de la venue soudaine de ce mal de tête vont être dénichées. Pour être ensuite traitées « au plus haut degré de perfection », lorsque vous en ferez la demande un peu plus tard au cours du traitement.

L'expression « parce que » ne sert cependant pas uniquement à promouvoir l'investigation des raisons qui sont à l'origine de nos problèmes. Elle va plus loin, beaucoup plus loin, incitant l'intégration dans notre vie de données liées à notre fabuleux potentiel inné de bien-être dans l'existence.

Dans ce cas, disons par exemple que vous vouliez vous sentir parfaitement à l'aise en société. Pour cela, il vous suffira de bâtir des phrases du genre : « Je me sens dorénavant tout à fait à l'aise en société parce que... » (là aussi répété une dizaine de secondes silencieusement).

Le procédé « JEcommande » active vos forces suprêmes de création dans un énoncé qui englobe une « commande » formulée de façon spécifique selon la nature de ce que vous désirez accomplir. Avec le procédé « JEcommande », vous mettez en branle votre force créative de façon consciente. Cette puissance miraculeuse qui réside en chacun de nous et qui va vous aider à obtenir « au plus haut degré de perfection » tout ce que vous lui demandez. Ou mieux dit, tout ce que vous lui ordonnez de faire pour vous.

Ce que le terme « commander » veut dire

Le procédé « JEcommande », comme son nom l'indique, implique une action de nature puissante, vigoureuse, voire catégorique. Avec le procédé « JEcommande », nous administrons notre existence volontairement. Nous ne laissons pas n'importe quoi venir à nous et s'installer dans notre vie comme ça lui chante. C'est notre vie, elle nous appartient et nous y régnons en maître.

Certains se demanderont s'ils ont le droit cependant de « commander » et préférerons « demander » avec révérence. Mais c'est à peu près comme s'ils se faisaient des courbettes à eux-mêmes. Rien ne nous sépare du Divin, de notre propre divinité. Comme la Bible nous le dit, nous sommes faits « à l'image de Dieu ». Nous en sommes une expression unique émanant d'un lieu parfait, sans dualité, où nous avons nos racines. C'est évidement à cet échelon-là que nous sommes faits à l'image de Dieu. Et non pas de la manière dont nous affrontons le monde au quotidien. Cette « image » dont la Bible parle est notre substance fondamentale. C'est l'esprit divin qui nous anime. C'est « soi » au plus haut degré de perfection de notre être. C'est l'endroit de nous-même qui se trouve en pleine possession de tous les attributs que l'on prête au Divin : omniprésence et omniscience. C'est le « JE » du « JEcommande ».

J'ai emprunté le terme « commander » à Theta Healing de Vianna Stibal, y ajoutant l'expression

« au plus haut degré de perfection » afin de rappeler la grimpée aux « hautes sphères » propre à cette méthode, l'onde thêta se trouvant être le médium nécessaire à la création. Un chemin pour y parvenir qui peut être beaucoup plus simple que celui préconisé par Vianna, dont les étapes à mon sens sont terriblement ardues et difficiles à maîtriser.

Le médium de création du procédé « JEcommande »

Si l'on se souvient bien, il a été dit que notre esprit inconscient est semblable à un instrument. Sans conscience propre, c'est toutefois une entité super puissante. Sophistiqué à l'extrême, son rôle est de s'occuper de tous les détails de notre vie suivant les programmes qu'il a enregistrés. C'est à l'inconscient que nous devons la concordance parfaite qui existe entre la teneur des programmes qu'il a enregistrés et les scénarios qui font la particularité de notre existence. Le bon, le moins bon, rien ne nous arrive qui ne provienne d'un programme. C'est donc au niveau des programmes qu'il nous faut agir quand nous voulons opérer des changements. Une restructuration qui s'effectue en accédant directement aux manettes de commande de notre inconscient, nous permettant dès lors d'effacer les programmes qui ne nous conviennent pas et d'en enregistrer d'autres, ceux que nous voulons dorénavant voir opérer dans notre vie.

Dans la pratique du procédé « JEcommande », nous mettons notre esprit inconscient en mode réceptif à l'énoncé d'un mot spécifiquement choisi à cet effet. Il s'agit ici d'un signal similaire à celui employé originellement dans la pratique de Be Set Free Fast (BSFF) du Dr Larry Nims. Le génie du Dr Nims est d'avoir découvert la puissance d'un simple mot (-clé) pour signaler une restructure immédiate de nos programmes, nous donnant la mainmise sur un esprit inconscient qu'il nomme « notre fidèle servant ». Ce signal dans la pratique du procédé « JEcommande » n'est cependant pas utilisé dans le sens de diriger un « fidèle servant », mais de nous positionner dans l'acte créatif « au plus haut degré de perfection » de manière similaire à Theta Healing mais sans plus de « décorum ». Plus de rituels obligés, rien que de la simplicité dans une efficacité qui dépasse tout ce qu'on peut imaginer. Nous avons ici la preuve de notre incomparable puissance sur la création et l'organisation au quotidien de notre univers personnel.

La pratique du procédé « JEcommande »

Le traitement des problèmes

La pratique du procédé « JEcommande » pour traiter les problèmes se résume de la manière suivante : « J'évoque et sonde, formule et laisse faire. » Un énoncé qui exprime clairement une démarche qui s'effectue en deux temps, d'abord « J'évoque et sonde » puis « Je formule et laisse faire ».

Première étape : « J'évoque et sonde »

Cette première étape s'effectue par une évocation concrète du problème que l'on résume dans une phrase toujours ponctuée de l'expression : « parce que... », que l'on répète (silencieusement) plusieurs fois de suite.

Comme par exemple :

- J'ai peur de prendre l'avion parce que..., parce que..., parce que..., parce que..., etc.

- Je ne digère pas le lait parce que... parce que... parce que... parce que... etc.
- J'ai pris du poids ces derniers temps parce que... parce que... parce que... parce que... etc.
- Je manque toujours d'argent parce que... parce que... parce que... parce que... etc.

L'expression « parce que... » va obligatoirement faire monter des idées, exposant des raisons évidentes. Vous allez vous dire par exemple : « Je manque toujours d'argent parce que je gagne un salaire de misère. » C'est l'évidence même. Si vous aviez un bon salaire qui couvre toutes vos dépenses, vous ne manqueriez pas d'argent.

Mais aussi importantes que soient les raisons qui vont s'imposer d'elles-mêmes à vous lorsque vous répéterez « parce que... » à la fin de la phrase évoquant le problème, l'idée première est de répéter « parce que... parce que... parce que... » une dizaine de secondes silencieusement sans vous poser de questions ni chercher de réponses.

À quoi sert l'expression « parce que... » ?

L'expression « parce que... » a pour mission de dévoiler l'ensemble des « raisons, causes et origines » responsables de la création du problème qui est évoqué. Des raisons qui pour la plupart nous resteront totalement inconnues car la recherche s'accomplit en dehors de notre collaboration consciente. Elle se réalise sous l'égide mystérieuse de l'intelligence suprême qui réside en soi, notre substance originelle.

Pourquoi avez-vous ce problème, d'où provient-il ? Seulement là, vous n'avez pas besoin de savoir les réponses. En énonçant « parce que », vous soulevez simplement la question à l'Intelligence universelle qui se répond à elle-même, dénichant toutes les raisons, causes et origines de votre problème au fur et à mesure que vous répétez « parce que » autant de fois que vous en avez envie derrière l'évocation de votre problème (pas moins de cinq fois cependant).

Pour reprendre l'exemple précédent, vous venez de noter en vous pesant que vous avez pris trois bons kilos cette semaine. En voilà un gros problème si vous surveillez votre ligne ! Vous allez donc vite effectuer le traitement en évoquant le problème sous tous ses angles possibles et imaginables, terminant chacune de vos phrases par l'expression : « parce que » que vous répéterez silencieusement plusieurs fois de suite pendant une dizaine de secondes. Vous commencerez par mentionner le problème tel qu'il se présente dans ce cas : « J'ai pris trois kilos cette semaine. » Une phrase que vous ferez suivre d'autres phrases se rapportant au même sujet, comme par exemple :

- J'ai pris trois kilos cette semaine parce que… (parce que… etc.)
- J'ai encore pris du poids cette semaine parce que… (parce que… etc.)

- Je n'arrive pas maigrir comme je voudrais parce que… (parce que… etc.)

Vous continuez à établir la véracité de votre problème sans vous censurer aucunement. Au contraire, allez-y de bon cœur et dites tout ce qui vous passe par la tête à propos du sujet que vous voulez traiter. L'idée c'est justement de bien viser le problème sous tous ses angles afin d'en supprimer toutes les racines et origines dans la seconde partie du traitement.

CONSEIL IMPORTANT : Si vous utilisez le procédé avec un tiers, que ce soit pour aider vos patients dans un cadre thérapeutique professionnel ou pour aider un ami, vous bâtirez bien entendu les phrases de traitement vous-même. Suivez bien votre intuition et verbalisez vos idées sans avoir peur de vous tromper, car le procédé s'effectue automatiquement « au plus haut degré de perfection ». Vous demanderez à la personne qui se trouve en face de vous de répéter tout fort chacune de vos phrases en y incluant le premier « parce que… ». Ensuite demandez-lui de fermer les yeux et de continuer à répéter silencieusement « parce que… parce que… parce que… », jusqu'à ce que vous repreniez avec la phrase suivante une dizaine de secondes plus tard.

Nous bâtissons notre réalité « extérieure » selon des données intimement logées en nous. C'est ce que la science de l'épigénétique nous révèle grâce aux recherches d'hommes et de femmes à l'esprit franchement pionnier, dont les découvertes sont en train de révolutionner notre façon classique de voir le monde (et de nous voir nous-mêmes).

Rattachée à ces découvertes, la principale caractéristique du procédé « JEcommande », comme d'ailleurs de toute autre technique de psychologie énergétique, est la certitude que les choses ne nous arrivent pas par hasard. Nos problèmes, comme le reste, aussi monstrueux que cela puisse paraître dans de nombreux cas, sont voulus à certains niveaux d'existence.

L'apport majeur de l'épigénétique, c'est de prouver scientifiquement que nous sommes, au-delà de nos problèmes, des êtres immensément puissants qui ne ressemblent en rien à des marionnettes sans défense aux mains d'une impitoyable destinée, y compris génétique, sur laquelle nous pouvons au contraire agir pour notre plus grand bien.

La nature nous a donné les moyens de guérir nos maux par la pensée et par le verbe, comme elle nous a donné les moyens de tomber malade exactement de la même manière.

Deuxième étape : « *Je formule et laisse faire* »

Suite à l'évocation de votre problème et de la recherche menée par votre « Moi supérieur » pour trouver toutes les raisons qu'a ce problème d'exister dans votre vie, vient maintenant l'étape de traitement dans une formulation qui est immédiatement suivie de la répétition silencieuse pendant une dizaine de secondes du mot « lumière » :

« JEcommande au plus haut degré de perfection la guérison immédiate, complète et permanente dans la grâce et l'aisance de toutes les raisons, causes et origines de toutes les difficultés, problèmes et schémas que je viens de mentionner et de toutes les souffrances qui en émanent. » (Puis répétez silencieusement le mot « lumière » pendant une dizaine de secondes.)

La formule de traitement est élaborée d'une manière qui tient compte de l'appui de votre « Moi supérieur » (le « JE » du « JEcommande »), à laquelle s'ajoute l'expression « au plus haut degré de perfection », dénotant une action parfaite où aucune erreur n'est possible. Puis, par la répétition silencieuse (c'est important) du mot « lumière », vous « laissez faire ». Vous laissez votre « Moi supérieur » (votre « JE »), cette partie de vous-même intimement liée à l'Intelligence suprême de l'univers, accomplir dans la grâce et l'aisance le travail de guérison qui vient d'être commandé.

CONSEIL IMPORTANT : Je vous conseille d'apprendre la phrase de formulation de traitement par cœur afin de vous donner la possibilité d'effectuer le traitement d'un problème sur le champ, sans avoir à attendre de retrouver le texte dans vos papiers. Une autre bonne idée, c'est d'en avoir une copie pliée dans votre portefeuille.

Étape d'intégration de nouvelles données

Il est toujours bien avisé, en fin de traitement d'un problème, d'intégrer de nouvelles données en vue de combler le vide qu'il peut parfois laisser en disparaissant de notre vie. Ce n'est évidement pas toujours le cas, mais dans le doute, mieux vaut s'y préparer à l'avance.

Pour ce faire, vous avez le choix entre formuler une courte phrase « standard » qui tient compte d'un ensemble de données destinées à vous faire immédiatement bénéficier d'un puissant regain de vitalité dans tous les domaines de votre vie. Ou bien, comme vous le verrez plus loin, vous pouvez aussi « commander », par une formulation différente, l'intégration de données liées spécifiquement à ce que vous désirez expérimenter en remplacement du problème.

Formule standard d'intégration de nouvelles données

« JEcommande au plus haut degré de perfection l'intégration immédiate, complète et permanente dans la grâce et l'aisance d'un puissant regain de vitalité et d'amour à tous les niveaux de mon être et en toutes dimensions de mon existence. » (Puis vous répétez silencieusement le mot « lumière » pendant une dizaine de secondes comme vous l'avez fait précédemment.)

RÉCAPITULATIF DES INSTRUCTIONS POUR LE TRAITEMENT DES PROBLÈMES

1. « J'évoque et sonde »

Vous commencez par évoquer votre problème dans une phrase (ou plusieurs) que vous faites immédiatement suivre de la répétition une dizaine de secondes (silencieusement) de l'expression « parce que... », sondant ainsi en collaboration avec votre « Moi supérieur » toutes les raisons de votre problème.

- Ex. : Je mange même quand je n'ai pas faim parce que... *parce que... parce que... parce que... parce que... etc.*

2. « Je formule et laisse faire »

Vient maintenant le traitement du problème par l'énoncé d'une phrase spécifiquement élaborée en ce sens et que l'on fait immédiatement suivre de la répétition silencieuse du mot « lumière » pendant une dizaine de secondes :

- « JEcommande au plus haut degré de perfection la guérison immédiate, complète et permanente dans la grâce et l'aisance de toutes les raisons, causes et origines de toutes les difficultés, problèmes et schémas que je viens de mentionner et de toutes les souffrances qui en émanent. »

(Puis répétez silencieusement le mot « lumière » pendant une dizaine de secondes.)

3. Intégration de nouvelles données

- Il est conseillé en vue de combler le vide éventuel que peut laisser la disparition d'un problème dans la vie de quelqu'un, de terminer le traitement par une phrase d'intégration de nouvelles données concernant un bien-être général (ou plus spécifique si désiré).

« JEcommande au plus haut degré de perfection l'intégration immédiate, complète et permanente dans la grâce et l'aisance d'un puissant regain de vitalité et d'amour à tous les niveaux de mon être et en toutes dimensions de mon existence. » (Puis vous répétez silencieusement le mot « lumière » pendant une dizaine de secondes comme vous l'avez fait précédemment.)

Instaurer dans sa vie une nouvelle réalité avec le procédé « JEcommande »

Le procédé « JEcommande » peut nous aider à faire de notre vie un modèle de joie et de bonheur dans une démarche qui se résume comme nous l'avons fait précédemment pour le traitement des problèmes, sauf que là, il s'agit d'intégrer de nouvelles données dans sa vie. Nous procédons donc comme avant de la manière suivante : « J'évoque et sonde, formule et laisse faire. »

Rien ne peut être mis en mouvement sans qu'on ait exercé notre intention. Avec tout de même un hic de taille dans la mécanique dès que nos intentions « conscientes » entrent en conflit avec nos intentions « inconscientes », celles-ci prenant automatiquement le pas sur les premières pour des raisons justement tenues inconscientes.

Le vrai pouvoir de l'intention consciente c'est la possibilité de commander et de diriger fermement le « principe organisateur » qui réside en chacun de nous, ce « JE » suprêmement puissant. Ne plus vivre machinalement à la merci de ce qui vient à nous, mais au contraire, exercer sa volonté sur ce qu'on veut vivre ou ne pas (plus) vivre.

Créer sa vie en compagnie de l'Intelligence universelle (que nous sommes au plus profond de nous-même) est le but ultime du procédé « JEcommande ». Oser lui parler sans détour de nos soucis, lui demander explicitement d'intervenir pour les résoudre, l'inciter à éveiller notre potentiel latent de bonheur dans la vie.

Cette « Intelligence » est un puits de sagesse auquel nous avons tous accès (car là reposent nos racines). C'est la puissance dans l'invisible qui met en marche la chaîne d'événements (et parfois de coïncidences miraculeuses) qui nous apporte ce qu'on lui demande.

Il est dit que notre potentiel caché réside dans nos gènes et que les gènes qui gouvernent notre bonheur existent de manière latente. Comme le dit la neurophysicienne Candace Pert, le plaisir est un élément essentiel à toute vie. Nous sommes conçus pour « carburer au plaisir » et éviter toute douleur. Et pour ce faire, le procédé « JEcommande » est idéal. Il nous permet de manière extrêmement simple et directe d'intégrer une nouvelle réalité dans notre quotidien ou des capacités encore jamais démontrées.

La démarche est à peu près la même que pour traiter les problèmes, sauf qu'ici la recherche de données s'effectue au niveau du bâti de la nouvelle réalité voulue (et non plus des raisons qu'a un problème d'exister). On suit donc exactement les mêmes étapes que précédemment citées pour supprimer un problème, tenant simplement compte ici d'une petite nuance dans l'organisation interne de la recherche des données.

Première étape : « J'évoque et sonde »

La première étape s'effectue par l'évocation de ce qu'on veut dorénavant pouvoir être, faire ou avoir, ponctuant chacune de nos phrases de la remarque « parce que... ».

Il y a toutes sortes de bonnes raisons pour que nous puissions en faire l'expérience, puisque nous possédons les informations voulues déjà inscrites dans nos gènes. Et ce sont ces données que votre « Moi supérieur » va aller recueillir puis intégrer à votre demande dans de nouveaux programmes.

Vous commencez donc par annoncer clairement ce que vous voulez en terminant vos phrases par l'expression « parce que... ». Comme ici dans le cas d'une présentation à faire au travail devant patron et collègues :

- Je m'exprime avec clarté et humour parce que... parce que... etc.
- Je subjugue mon auditoire parce que... parce que... parce que... etc.
- Je me sens au mieux de ma forme parce que... parce que... etc.
- Cette présentation ne peut être qu'un immense succès parce que... parce que... etc.

Et ainsi de suite déclarant une liste d'états souhaités.

Deuxième étape : « Je formule et laisse faire »

Immédiatement après avoir énoncé vos désirs et souhaits, marqués de l'expression « parce que... »

en clôture de chaque phrase (ceci afin que votre « JE » puisse en recueillir intérieurement les informations nécessaires à un bâti concret dans votre vie), vient l'étape d'intégration du programme dans l'inconscient. Un inconscient qui dorénavant vous « obligera » à expérimenter ce que vous avez « commandé ».

La formule standard d'intégration sera :

- « JEcommande au plus haut degré de perfection l'intégration immédiate, complète et permanente à tous les niveaux de mon être et en toutes dimensions de mon existence dans la grâce et l'aisance de toutes les données que je viens de mentionner. » (Puis répétez silencieusement le mot « lumière » une dizaine de secondes.)

Par la répétition silencieuse (c'est important) du mot « lumière », vous « laissez faire ». Vous laissez votre « Moi supérieur » (cette partie de vous-même intimement liée à l'Intelligence suprême de l'univers), accomplir de lui-même le travail d'intégration dans votre inconscient de toutes les données nécessaires au bâti de la nouvelle réalité que vous avez expressément évoquée en début de session.

Prenons un exemple. Nous allons intégrer quelques données nécessaires au bâti d'une réalité correspondant à un profond bien-être dans la vie :

- « Je me sens vraiment bien maintenant parce que... *parce que... parce que... parce que... etc.* »

- « Je peux dire avec certitude que je vais de mieux en mieux maintenant dans tous les domaines de ma vie parce que… *parce que… parce que… etc.* »
- « Les ennuis que j'avais avant sont complètement terminés à présent parce que… *parce que… parce que… etc.* » « Je commence à bien savoir comment diriger ma vie comme je l'entends parce que… *parce que… parce que… etc.* » « Ma vie d'aujourd'hui est nettement plus facile qu'avant parce que… *parce que… parce que… etc.* » « Ma vie s'est remplie de joie parce que… *parce que… parce que… etc.* » « Je sais maintenant que le bonheur sur terre existe pour moi parce que… *parce que… parce que… etc.* »
- « Je contemple mon avenir avec enthousiasme parce que… *parce que… parce que… etc.* »

Et ainsi de suite déclarant une liste d'états souhaités.

L'idée ici est de rassembler toutes les données « intérieures » qui vont autoriser la manifestation concrète de la réalité désirée. Le nouveau programme ainsi conçu est alors intégré dans l'inconscient en énonçant ce qui suit :

- « JEcommande au plus haut degré de perfection l'intégration immédiate, complète et permanente à tous les niveaux de mon être et en toutes dimensions de mon existence dans la grâce et l'aisance de toutes les données que je viens de mentionner. » (Puis vous « laissez-faire » en répétant <u>silencieusement</u> le mot « lumière » une dizaine de secondes.)

RÉCAPITULATIF DES INSTRUCTIONS POUR INSTAURER DANS SA VIE UNE NOUVELLE RÉALITÉ

1. « J'évoque et sonde »

Vous commencez par annoncer clairement ce que vous voulez être, avoir ou faire, en terminant vos phrases par l'expression « parce que… », dénotant le bien-fondé de vos demandes et la certitude que c'est « chose faite » sous l'égide de votre « Moi supérieur » dont la quête d'informations nourrira le programme que vous allez intégrer dans votre inconscient au moyen de la formule standard d'intégration.

2. « Je formule et laisse faire »

Voici maintenant l'étape d'intégration du programme dans l'inconscient selon la formule standard suivante :

- « JEcommande au plus haut degré de perfection l'intégration immédiate, complète et permanente à tous les niveaux de mon être et en toutes dimensions de mon existence dans la grâce et l'aisance de toutes les données que je viens de mentionner. » (Puis vous « laissez faire » en répétant silencieusement le mot « lumière » une bonne dizaine de secondes.)

Simplifier la démarche par de rapides protocoles

On peut grandement simplifier la démarche du procédé « JEcommande » telle qu'elle vous a été expliquée précédemment, par l'application de rapides protocoles qui produisent des résultats étonnants.

CONSEIL IMPORTANT : Gardez bien en mémoire (ou par écrit) ce que vous « commandez », de manière à réaliser pleinement toute la puissance de contrôle que vous avez sur votre vie. Cependant, au cas où vous n'auriez aucun résultat, ce qui peut arriver pour cause de résistances intérieures qui empêchent certaines choses de se produire, il faut alors effectuer le protocole normalement, sans aucun raccourci.

Protocoles d'effacement quantique des données responsables d'une situation difficile

Pour ce faire, plusieurs protocoles s'offrent à vous, parmi lesquels vous pouvez choisir celui ou ceux qui vous conviennent le mieux.

- « JEcommande au plus haut degré de perfection la transformation immédiate, complète et permanente dans la grâce et l'aisance de l'ensemble des données responsables de la création et du développement de cette situation dans ma vie (*nommez la situation en question en vous concentrant bien dessus de manière à faire monter clairement la cible*) et de toutes les souffrances qui en découlent. » (Répétez silencieusement pendant une dizaine de secondes le mot « lumière ».)

Puis continuez avec la commande suivante :

- « En remplacement, JEcommande au plus haut degré de perfection l'intégration immédiate, complète et permanente à tous les niveaux de mon être et en toutes dimensions de mon existence de l'ensemble des données qui me sont nécessaires pour désormais vivre dans la paix, l'amour et la lumière complètement délivré(e) de ce problème dans la grâce et l'aisance. (ou nommez spécifiquement ce que vous voulez en remplacement du problème). » (Répétez maintenant silencieusement pendant une dizaine de secondes « Paix, amour, lumière ».)

Exemple de traitement sur un problème d'extrême solitude

- « JEcommande au plus haut degré de perfection la transformation immédiate, complète et permanente dans la grâce et l'aisance de l'ensemble des données responsables de la création et du développement de l'extrême solitude dans laquelle je vis et de toutes les souffrances que j'en éprouve au quotidien. » (Répétez silencieusement pendant une dizaine de secondes le mot « lumière ».)

Puis continuez :

- « En remplacement de cette situation d'extrême solitude, JEcommande au plus haut degré de perfection l'intégration immédiate, complète et permanente dans la grâce et l'aisance à tous les niveaux de mon être et en toutes dimensions de mon existence de l'ensemble des données qui me sont nécessaires pour faire de moi quelqu'un qui vit chaudement entouré(e) de gens intéressants et attentionnés, bénéficiant dans la paix, l'amour et la lumière d'une existence riche en plaisirs de toutes sortes. » (Répétez maintenant silencieusement pendant une dizaine de secondes « paix, amour, lumière ».)

Autres formulations possibles

- « JEcommande au plus haut degré de perfection la résolution immédiate, complète et permanente dans la grâce et l'aisance de l'ensemble des données génétiques et programmes conscients et inconscients, positifs et négatifs, responsables de la création de cette situation dans ma vie et de toutes les souffrances qu'elle me cause. » (Répétez silencieusement pendant une dizaine de secondes « paix, amour, lumière ».)

- « JEcommande au plus haut degré de perfection l'effacement immédiat, complet et permanent de l'ensemble des programmes et schémas qui me font agir de manière contraire à mes possibilités d'expérimenter dorénavant une vie fertile et abondamment heureuse dans la paix, l'amour et la lumière. » (Répétez silencieusement pendant une dizaine de secondes « paix, amour, lumière ».)
- « JEcommande au plus haut degré de perfection la guérison immédiate, complète et permanente avec grâce et aisance de toutes les raisons positives et négatives, conscientes et inconscientes, génétiques, héréditaires et ancestrales qui sont à l'origine de mes difficultés à vivre une vie fertile et abondamment heureuse sur terre dans la paix, l'amour et la lumière. » (Répétez silencieusement pendant une dizaine de secondes « paix, amour, lumière ».)

Intégrer de nouvelles façons d'être, avoir ou faire

Là aussi plusieurs protocoles s'offrent à vous. Aussi efficaces les uns que les autres, choisissez ceux qui vous conviennent le mieux selon l'humeur du moment.

- « JEcommande au plus haut degré de perfection l'intégration immédiate, complète et permanente à tous les niveaux de mon être et en toutes dimensions de mon existence de l'ensemble des données qui me sont nécessaires pour *(à compléter par vous-même)* avec grâce et aisance dans la paix, l'amour et la lumière. » (Répétez maintenant silencieusement « paix, amour, lumière » pendant une dizaine de secondes.)
- « JEcommande au plus haut degré de perfection l'intégration immédiate, complète et permanente à tous les niveaux de mon être et en toutes dimensions de mon existence de l'ensemble des données qui me sont nécessaires pour désormais (*vous notifiez clairement ce que vous voulez pouvoir désormais être, avoir ou faire*) avec grâce et aisance dans la paix, l'amour et la lumière. » (Répétez maintenant silencieusement « paix, amour, lumière » pendant une dizaine de secondes.)

Quelles sont les capacités qui vous font défauts ? Quels sont les dons, les comportements, les traits de caractère que vous aimeriez désormais pouvoir démontrer ? Passez commande !

- « JEcommande au plus haut degré de perfection la possibilité d'exprimer dorénavant librement les dons qui font de moi quelqu'un de *(là vous notifiez clairement ce que vous voulez désormais avoir la possibilité d'être, d'avoir ou de faire)* avec grâce et aisance dans la paix, l'amour et la lumière. » (Répétez maintenant silencieusement « paix, amour, lumière » pendant une dizaine de secondes.)

- « Jecommande au plus haut degré de perfection la mise en place immédiate, concrète, complète et permanente de toutes les données qui me sont nécessaires pour dorénavant faire de moi quelqu'un qui *(là vous notifiez clairement ce que vous voulez désormais avoir la possibilité d'être, d'avoir ou de faire)* avec grâce et aisance dans la paix, l'amour et la lumière. » (Répétez maintenant silencieusement « paix, amour, lumière » pendant une dizaine de secondes.)
- « JEcommande au plus haut degré de perfection l'ouverture et la mise en route immédiate, complète et permanente de tous les programmes génétiques qui me donnent dorénavant la possibilité d'exprimer librement les dons qui font de moi quelqu'un qui *(là vous notifiez clairement ce que vous voulez désormais avoir la possibilité d'être, d'avoir ou de faire)* avec grâce et aisance dans la paix, l'amour et la lumière. » (Répétez maintenant silencieusement « paix, amour, lumière » pendant une dizaine de secondes.)

Ou plus simple encore :

- « JEcommande au plus haut degré de perfection la possibilité d'exprimer dorénavant librement les dons qui font de moi quelqu'un qui *(à compléter par vous-même)* avec grâce et aisance. » Répétez maintenant silencieusement « Paix, amour, lumière » pendant une dizaine de secondes.

Exemples d'intégration spécifiques

- « JEcommande au plus haut degré de perfection la possibilité d'exprimer dorénavant librement les dons qui font de moi quelqu'un d'abondamment prospère avec grâce et aisance, dans la paix, l'amour et la lumière. » (Répétez maintenant silencieusement « paix, amour, lumière » pendant une dizaine de secondes.)
- « JEcommande au plus haut degré de perfection la possibilité d'exprimer dorénavant librement les dons qui font de moi quelqu'un de vigoureux et plein d'enthousiasme pour la vie. » (Répétez maintenant silencieusement « paix, amour, lumière » pendant une dizaine de secondes.)
- « JEcommande au plus haut degré de perfection la possibilité d'exprimer dorénavant librement les dons qui font de moi quelqu'un d'immensément chanceux. » (Répétez maintenant silencieusement « paix, amour, lumière » pendant une dizaine de secondes.)
- « JEcommande au plus haut degré de perfection la possibilité d'exprimer dorénavant librement les dons qui font de moi quelqu'un qui triomphe aisément des aléas de la vie. » (Répétez maintenant

silencieusement « paix, amour, lumière » pendant une dizaine de secondes.)

- « JEcommande au plus haut degré de perfection la possibilité d'exprimer dorénavant librement les dons qui font de moi quelqu'un qui exécute ses tâches, y compris les plus difficiles avec grâce et aisance dans la paix, l'amour et la lumière. » (Répétez maintenant silencieusement « paix, amour, lumière » pendant une dizaine de secondes.)
- « JEcommande au plus haut degré de perfection la possibilité d'exprimer dorénavant librement les dons qui font de moi quelqu'un de chaudement entouré(e) de gens qui participent activement à mon bonheur sur terre. » (Répétez maintenant silencieusement « paix, amour, lumière » pendant une dizaine de secondes.)
- « JEcommande au plus haut degré de perfection la possibilité d'exprimer dorénavant librement les dons qui font de moi quelqu'un que les autres recherchent pour ses capacités à leur procurer de la joie et du bonheur sur terre. » (Répétez maintenant silencieusement « paix, amour, lumière » pendant une dizaine de secondes.)

Encore quelques autres données d'intégration

Intégration : « Je m'accepte exactement comme je suis aujourd'hui avec toutes mes faiblesses, manques et imperfections. »

- « JEcommande au plus haut degré de perfection la possibilité d'exprimer dorénavant librement les dons qui font de moi quelqu'un qui s'accepte complètement avec grâce et aisance dans la paix, l'amour et la lumière. » (Répétez maintenant silencieusement « paix, amour, lumière » pendant une dizaine de secondes)

Intégration : « Je suis totalement disposé(e) à progresser dans la vie en affrontant l'inconnu s'il le faut. »

- « JEcommande au plus haut degré de perfection la possibilité d'exprimer dorénavant librement les dons qui font de moi quelqu'un qui affronte l'inconnu avec grâce et aisance dans la paix, l'amour et la lumière. » (Répétez maintenant silencieusement « paix, amour, lumière » pendant une dizaine de secondes.)

Intégration : « J'ai de la chance et la vie me protège toujours. »

- « JEcommande au plus haut degré de perfection la possibilité d'exprimer dorénavant librement les dons qui font de moi quelqu'un qui a de la chance et que la vie protège toujours avec grâce et aisance, dans la paix, l'amour et la lumière. » (Répétez maintenant silencieusement « paix, amour, lumière » pendant une dizaine de secondes.)

Intégration : « J'ai le don d'attirer à moi les bonnes opportunités et sais toujours comment en tirer profit à fond. »

- « JEcommande au plus haut degré de perfection la possibilité d'exprimer dorénavant librement les dons qui font de moi quelqu'un qui attire les bonnes opportunités et sait toujours comment en tirer profit à fond avec grâce et aisance dans la paix, l'amour et la lumière. » (Répétez maintenant silencieusement « paix, amour, lumière » pendant une dizaine de secondes.)

Intégration : « J'exprime chaque jour davantage le meilleur de moi-même et ma vie prend un essor fabuleux. »

- « JEcommande au plus haut degré de perfection la possibilité d'exprimer dorénavant librement les dons qui font de moi quelqu'un qui exprime chaque jour davantage le meilleur de soi-même jouissant d'une vie qui prend un essor fabuleux dans la grâce et l'aisance, la paix, l'amour et la lumière. » (Répétez maintenant silencieusement « paix, amour, lumière » pendant une dizaine de secondes.)

Protocoles de commande (par écrit) pour la réalisation des souhaits

Le procédé « JEcommande » agit également de manière étonnante pour ce qui est de la réalisation des souhaits. Je m'en suis servi dans des situations extrêmement graves, comme la fois où la petite chatte adorée de mon fils se mourait et qu'elle s'en est miraculeusement sortie (vraiment contre toute attente). Je pense qu'on peut demander tout ce qu'on veut, y compris au nom de quelqu'un d'autre, puisque le procédé « JEcommande » agit toujours « au plus haut degré de perfection ».

Pour effectuer un protocole de commande par écrit de réalisation d'un de vos souhaits, c'est très simple, il suffit de passer commande par écrit en vous servant de l'une ou l'autre des formules suivantes :

- « En ce jour… *(inscrire la date)*, JEcommande au plus haut degré de perfection *(là vous écrivez très précisément ce que vous voulez, y compris au nom de quelqu'un d'autre)* » et concluez en inscrivant : « MERCI, MERCI, MERCI, c'est fait avec grâce et aisance dans la paix, l'amour et la lumière. »

Ou encore (toujours par écrit) :

- « JEcommande l'arrivée parfaite dans ma vie de tout ce qu'il me faut pour être *(ou pour faire, pour avoir)*. MERCI, MERCI, MERCI. Ma commande est satisfaite au plus haut degré de perfection avec grâce et aisance, dans la paix, l'amour et la lumière. »

Ou encore (toujours par écrit) :

- « JE commande au plus haut degré de perfection l'intégration immédiate, complète et permanente à tous les niveaux de mon être et en toutes dimensions de mon existence de l'ensemble des données qui me sont nécessaires pour *(là vous écrivez très précisément ce que vous voulez)*. MERCI, MERCI, MERCI. C'est fait avec grâce et aisance dans la paix, l'amour et la lumière. »

Autres façons possibles de formuler une commande

- « Je commande aux forces de création divine que JE suis d'instiller immédiatement en moi et dans ma vie un puissant regain d'énergie, d'amour et de prospérité au plus haut degré de perfection. » (Puis répétez silencieusement pendant une dizaine de secondes « paix, amour, lumière ».)
- « Je commande aux forces de création divine que JE suis de corriger l'ensemble de ce problème au plus haut degré de perfection dans la grâce et l'aisance. » (Puis répétez silencieusement pendant une dizaine de secondes « paix, amour, lumière » l'esprit bien posé sur le problème en question.)
- « JEcommande aux forces de création divine que JE suis d'intégrer en moi et dans ma vie actuelle tout ce qui m'est nécessaire pour désormais vivre une existence profondément satisfaisante en tout domaine, y compris celui de la santé. » (Puis répétez silencieusement pendant une dizaine de secondes « paix, amour, lumière ».)

- « JEcommande aux forces de création divine que JE suis au niveau supérieur de mon être d'éveiller en moi les capacités de vivre une vie remplie de joie, de bonheur, de passion et de richesses et d'en profiter à fond dans la grâce et l'aisance, la paix, l'amour et la lumière. » (Puis répétez silencieusement pendant une dizaine de secondes « paix, amour, lumière ».)

TROISIÈME PARTIE

Instaurer dans sa vie un profond bien-être matériel avec le procédé « JEcommande »

Je vous propose de suivre ce programme de soins énergétiques pendant 21 jours. Faites-le, et je vous promets une belle transformation de votre situation matérielle. C'est impossible autrement.

Le petit moment que vous passerez tous les jours à suivre ce programme pendant les trois prochaines semaines va vous porter chance. Vous verrez. Une chance qui ne se manifestera pas par hasard mais grâce à votre volonté de renouer des liens serrés avec vous-même. De vous rendre en cet endroit sacré où repose votre véritable puissance.

Vous possédez une force intérieure au moyen de laquelle vous pouvez engendrer tout le bonheur que vous désirez vivre sur notre bonne terre, si prospère, si abondante, si généreuse...

Vous détenez déjà en vous les capacités de vivre une réalité matérielle nettement meilleure. Des capacités qu'il vous suffit d'éveiller en exprimant simplement la volonté de les tirer de leur état latent de manifestation. De la sorte, vous pouvez faire naître tous les comportements que vous désirez exprimer. Déployer de nouvelles habitudes. Susciter l'apparition de goûts différents. Montrer des aspects complètement inédits de vous-même tel qu'exhiber tout à coup les capacités de gagner énormément d'argent. Tout est possible et beaucoup plus facilement que vous ne le pensez.

La pratique du procédé « JEcommande » est extraordinairement aisée. Il n'y a rien de compliqué. En fait il suffit d'exprimer ce que vous voulez en formulant vos demandes selon un schéma préétabli.

Présentation du problème

Nous commençons toujours par présenter le problème en nous appuyant sur des faits quotidiens. Nous exposons le problème en élaborant des phrases qui expriment notre façon personnelle de le vivre. Nous exprimons notre vérité. Celle que nous vivons au jour le jour par rapport au problème.

Mieux le problème est évoqué en terme de négativité mieux il peut être traité. C'est ainsi que nous sommes à même d'accomplir le meilleur travail de guérison qui soit. En d'autres mots, nous dirigeons le faisceau de lumière exactement aux endroits noirs. Aux endroits qui ont besoin d'être illuminés.

L'investigation mystérieuse

Comme déjà souligné, le procédé « JEcommande » intègre l'expression « parce que », prononcée plusieurs fois de suite et silencieusement à la fin de chaque phrase de présentation des différents aspects du problème. Nous activons ainsi une mystérieuse investigation essentiellement conduite par la partie « supérieure » de notre esprit, dans la certitude que tout ce qui est dans notre vie (ou qui n'est pas) a ses raisons d'être.

L'expression « parce que » est un des tenants de la technique qui en assure l'incroyable efficacité. Lorsque vous prononcez le terme « parce que », vous incitez votre conscience supérieure à effectuer aussitôt une recherche complète de toutes les « raisons, causes et origines » du problème que vous venez de citer.

Unique au procédé « JEcommande », la répétition de l'expression « parce que » est l'élément le plus bluffant qui soit. Car effectivement, et par le plus grand des mystères, ces « raisons, causes et origines » vont être rassemblées pour être ensuite traitées au moment où vous en ferez la demande, toujours exprimée sous forme de commande.

Laissez faire

Lorsque vous répéterez l'expression « parce que » à la suite d'une phrase, comme par exemple dans l'énoncé « Je n'arrive jamais à mettre de l'argent de côté parce que... », des idées vont forcément vous traverser l'esprit, comme d'en rejeter la faute sur un salaire de misère ou le coût trop cher de la vie. Or le terme « parce que » incite une investigation qui va au-delà des évidences de la vie courante. Il s'agit d'une cueillette de raisons qui siègent au sein de programmes inconscients dont par définition nous ne savons rien. De ce fait, ne repoussez pas les idées qui vous viennent à l'esprit, mais ne cherchez pas à trouver consciemment des raisons possibles aux problèmes mentionnés.

Vous procéderez par ailleurs de la même façon lorsque nous en arriverons à l'intégration de données liées à l'établissement de votre nouvelle réalité. L'expression « parce que » sera alors liée à la certitude que vous possédez déjà en vous les capacités d'être, de faire ou d'avoir absolument tout ce que vous voulez. Nous ne pouvons exprimer un désir (un vrai de vrai s'entend), sans posséder aussi les capacités de le réaliser.

Faire monter la cible

Prenez note, et de préférence par écrit, de ce qui vous cause le plus de soucis en ce moment par rapport à vos finances. Prenez une petite minute pour noter ce qui résume le mieux votre problème. Concentrez-vous bien sur votre manque de prospérité, sur vos soucis matériels. Il est important de faire monter la cible. C'est comme ça que la magie du traitement énergétique peut le mieux opérer.

Alors pensez à vos difficultés d'argent. Pensez aux soucis matériels qui vous incitent à entreprendre ce programme. Pensez aux dettes qui s'accumulent, aux choses que vous ne pouvez pas vous procurer à cause de vos ressources limitées. Pensez à votre avenir matériel. Faites monter vos sentiments de peur, de colère, d'impuissance. Ressentez-vous quelque chose dans votre corps ? Est-ce qu'une image symbolisant votre situation financière se présente ? Tel un mur infranchissable ? Concentrez-vous bien sur ce qui se passe en vous. Sur ce que vous ressentez. Laissez monter les émotions, aussi négatives soient-elles.

Vos raisons d'entreprendre ce programme sont évidentes. La prospérité n'est pas au rendez-vous dans votre vie. Vous voulez de l'argent. Vous en voulez nettement plus qu'aujourd'hui. En fait, vous voulez probablement posséder beaucoup plus d'argent que vous n'en avez jamais eu jusqu'ici. Malheureusement, rien ne va comme vous voulez. Quelque chose vous empêche d'accéder à la prospérité recherchée. Il y a comme un blocage, c'est évident. Le voyez-vous ? Le ressentez-vous quelque part dans votre corps ?

Détails pratiques et conseils

Nous voici arrivés au protocole de libération de vos blocages matériels. Avec l'appui inconditionnel de votre conscience supérieure, attendez-vous à des miracles !

Autant dire que c'est votre conscience supérieure qui va effectuer tout le travail. Vous n'avez pas grand-chose à faire sinon lire attentivement les phrases inhérentes au traitement, l'esprit bien concentré sur ce qu'elles évoquent pour vous personnellement, en même temps que vous répétez (silencieusement) « parce que » une dizaine de secondes derrière chaque phrase. Comme vous voyez, on ne fait pas plus simple.

Parce qu'il s'agit d'un protocole qui prend en compte tous les aspects possibles d'une situation matérielle qui laisse à désirer, il est évident que toutes les phrases ne s'appliqueront pas à ce que vous vivez personnellement. Vous pouvez « sauter » ces phrases particulières ou continuer à les traiter de la même façon que les autres. C'est comme vous voulez.

Je vous conseille cependant de ne laisser aucune phrase de côté la première fois que vous effectuez le traitement. Il peut y avoir des choses qui vous semblent sans rapport avec votre propre situation, mais qui néanmoins résonnent en vous de façon inconsciente.

IMPORTANT : Au cas où vous viendraient à l'esprit des idées relatives à vos propres problèmes durant le protocole, stoppez tout de suite pour bâtir des phrases de traitement qui s'y appliquent. Puis reprenez le protocole là où vous l'avez laissé.

AUSSI : Au fur et à mesure des jours qui passeront, vous aurez très vraisemblablement envie d'élaborer des phrases liées de plus près à votre problème financier personnel. Faites-vous une liste de phrases par écrit et effectuez le traitement avec. Reprenez ensuite le protocole normalement au moment de la formulation standard de guérison de toutes les difficultés mentionnées durant cette étape menée personnellement.

RÉCAPITULATIF : Avant de commencer, souvenez-vous encore et toujours qu'il est de la plus haute importance de bien vous concentrer sur les problèmes financiers soulignés à chaque phrase de traitement, même si ceux-ci ne caractérisent pas toujours à la lettre votre situation personnelle. Restez l'esprit posé sur les souffrances que le manque de bien-être matériel produit dans la vie. Dans la vôtre comme dans celle d'autrui quand vous répétez l'expression « parce que ».

Alors allons-y. Nous y voici…

- « J'ai du mal à me sentir en paix financièrement parce que… » (là vous continuez à répéter « parce que… » silencieusement pendant une bonne dizaine de secondes.)
- « J'ai des difficultés à maîtriser le domaine de mes finances parce que… » (là idem, vous continuez répéter « parce que… » silencieusement pendant une bonne dizaine de secondes.)
- « J'ai des difficultés à attirer l'argent dans ma vie parce que… » (idem).
- « J'ai des difficultés à faire fructifier l'argent parce que… » (idem).
- « Il y a des périodes où l'argent entre à flots puis ça s'arrête brusquement parce que… » (idem).
- « Quand j'ai de l'argent il y a toujours des dépenses imprévues qui arrivent parce que… » (idem).
- « Je ne peux jamais mettre de l'argent de côté parce que… » (idem).
- « Mes dépenses dépassent toujours mes revenus parce que… » (idem).
- « Je dois souvent emprunter de l'argent parce que… » (idem).
- « Je déteste rembourser l'argent que je dois parce que… » (idem).
- « Je n'ai jamais les moyens de rembourser l'argent que je dois parce que… (idem). »
- « J'accumule les dettes parce que… » (idem).
- « Je me suis endetté(e) parce que… » (idem).

- « Tout m'indique que je n'arriverai jamais à régler mes dettes parce que... » (idem).
- « J'ai toujours envie de dépenser de l'argent parce que... » (idem).
- « Je dépense à tort et travers parce que... » (idem).
- « J'achète plein de choses dont je n'ai pas besoin parce que... » (idem).
- « J'accumule et j'entasse des choses sans valeur parce que... » (idem).
- « L'argent me file entre les doigts parce que... » (idem).
- « Dès que j'ai de l'argent il faut que je le dépense parce que... » (idem).
- « Je n'ai jamais autant d'argent que j'en veux parce que... » (idem).
- « J'ai continuellement des ennuis d'argent parce que... » (idem).
- « J'ai toujours du mal à joindre les deux bouts parce que... » (idem).
- « J'ai à peine de quoi vivre parce que... » (idem).
- « Je dois toujours me priver de tout parce que... » (idem).
- « Je vis dans le dénuement parce que... » (idem).
- « J'ai peur de l'avenir parce que... » (idem).
- « Je ne sais pas comment je vais survivre plus tard parce que... » (idem).
- « La vie est trop chère pour mes moyens financiers parce que... » (idem).
- « J'ai de moins en moins d'argent à ma disposition parce que... » (idem).

- « J'ai de plus en plus de dépenses parce que… » (idem).
- « Je suis incapable de faire des économies parce que… » (idem).
- « Je ne sais pas comment gagner lucrativement ma vie parce que… » (idem).
- « Je n'ai jamais été capable de gagner beaucoup d'argent parce que… » (idem).
- « Je déteste devoir gagner ma vie parce que… » (idem).
- « Je déteste m'occuper de mes comptes parce que… » (idem).
- « J'ai perdu énormément d'argent au cours de ma vie parce que… » (idem).
- « Je me suis souvent fait voler mes biens parce que… » (idem).
- « J'ai moi-même volé autrui parce que… » (idem).
- « J'ai tendance à penser que la vie est injuste parce que… » (idem)
- « J'ai tendance à me distancer des autres parce que… » (idem).
- « J'ai tendance à croire que les autres ne m'aiment pas parce que… » (idem).
- « J'ai tendance à ne pas aimer le genre humain parce que… » (idem).
- « J'ai souvent de mauvais rapports avec les gens parce que… » (idem).
- « J'ai tendance à me sentir facilement rejeté(e) des autres… » (idem).

- « J'ai connu beaucoup d'abandons dans ma vie parce que… » (idem).
- « Je n'ai encore jamais connu le véritable amour parce que… » (idem).
- « Je subis de sérieux manques parce que… » (idem).
- « Je vis continuellement dans le besoin parce que… » (idem).
- « J'ai tendance à vivre dans le malheur parce que… » (idem).
- « J'ai tendance à attirer les ennuis parce que… » (idem).
- « Rien ne va jamais comme je veux parce que… » (idem).
- « J'ai toujours des tas de problèmes parce que… » (idem).
- « Je parle continuellement de mes ennuis parce que… » (idem).
- « Mes problèmes m'obsèdent parce que… » (idem).
- « Je vis dans la terreur de manquer parce que… » (idem).
- « Je me sens pauvre malgré tout ce que je possède déjà parce que… » (idem).
- « Je dépense aussi peu que possible parce que… » (idem).
- « J'ai tendance à l'avarice parce que… » (idem).
- « J'ai tendance à toujours vouloir plus d'argent parce que… » (idem).
- « J'ai honte de ne pas être riche parce que… » (idem).

- « J'ai honte d'être pauvre parce que... » (idem).
- « Je pense qu'être pauvre est une condition avilissante parce que... » (idem).
- « Je ne parviens pas à m'extraire de ma condition de pauvreté parce que... » (idem).
- « Quelque chose bloque toujours l'arrivée de l'argent dans ma vie parce que... » (idem).
- « Je reçois toujours l'argent qu'on me doit en retard parce que... » (idem).
- « L'argent ne circule pas facilement dans ma vie parce que... » (idem).
- « Je ne parviens pas à gagner autant d'argent que je pourrais parce que... » (idem).
- « Je me fais toujours moins payer que ce que je serais en droit de demander parce que... » (idem).
- « Mon travail ne mérite pas d'être payé parce que... » (idem).
- « Je ne saurais pas comment me comporter si j'avais beaucoup d'argent parce que... » (idem).
- « Si j'avais de l'argent je ne saurais pas comment le faire fructifier parce que... » (idem).
- « Si j'avais de l'argent je me sentirais obligé(e) de le donner parce que... » (idem).
- « Je pense que les gens riches sont cupides parce que... » (idem).
- « Je trouve que l'argent corrompt parce que... » (idem).
- « Je pense que les gens riches doivent distribuer librement leur argent parce que... » (idem).

- « Je pense que les gens riches ne méritent pas d'avoir autant d'argent parce que… » (idem).
- « Je pense qu'il est plus honorable d'être pauvre que d'être riche parce que… » (idem).
- « J'ai des rapports conflictuels avec les gens riches parce que… » (idem).
- « Je ne sais pas comment me comporter en présence de gens riches parce que… » (idem).
- « Les gens riches m'impressionnent parce que… » (idem).
- « Dans ma famille personne n'aime les riches parce que… » (idem).
- « Je préfère la compagnie des gens pauvres que celles des gens riches parce que… » (idem).
- « Gagner de l'argent ne m'intéresse pas parce que… » (idem).
- « Je ne fais aucun effort pour améliorer l'état de mes finances parce que… » (idem).
- « Mes problèmes financiers sont de toute façon sans issue parce que… » (idem).
- « Je suis convaincu(e) que je ne m'en sortirai jamais financièrement parce que… » (idem).
- « Je n'ai pas les compétences voulues pour trouver un travail vraiment lucratif parce que… » (idem).
- « Je manque d'ingéniosité pour être riche parce que… » (idem).
- « C'est héréditaire dans ma famille de ne pas avoir d'argent parce que… » (idem).
- « Dans ma famille personne n'a jamais été riche parce que… » (idem).

- « Dans ma famille tout le monde est pauvre parce que… » (idem).
- « Dans ma famille on est fier d'être pauvre parce que… » (idem).
- « Dans ma famille je suis la seule personne à manquer d'argent parce que… » (idem).
- « Ne pas avoir d'argent sert indirectement mes intérêts parce que… » (idem).
- « J'ai toujours souffert de manque d'argent parce que… » (idem).
- « Je suis né(e) sous une mauvaise étoile parce que… » (idem).
- « J'ai l'impression qu'on m'a jeté un mauvais sort parce que… » (idem).
- « Question argent, j'ai sûrement fait vœu de pauvreté parce que… » (idem).
- « C'est évident, la pauvreté est mon lot parce que… » (idem).
- « C'est évident, l'argent me fuira toujours parce que… » (idem).
- « Seul un miracle pourrait améliorer ma situation financière, sauf que je ne crois pas aux miracles parce que… » (idem).

Prenez maintenant une bonne respiration lente et profonde… Puis une autre toute aussi lente et profonde… Puis une autre encore. Et buvez un peu d'eau. Dégourdissez-vous les jambes une petite minute si vous en avez envie avant de poursuivre.

Formule de traitement des difficultés mentionnées

Laissez-vous maintenant prendre par les mots que vous allez lire. Lisez-les lentement et très attentivement car c'est en votre nom que je parle.

- « Je commande au plus haut degré de perfection la guérison immédiate, complète et permanente dans la grâce et l'aisance de toutes les raisons, causes et origines de l'ensemble des difficultés, problèmes et schémas que je viens de mentionner et de toute la détresse qui en émane à n'importe quel niveau de mon être. » (Répétez maintenant le mot « lumière » silencieusement pendant une bonne dizaine de secondes.)

Puis continuez…

- « Je suis en paix. Je suis en paix maintenant. Je suis en paix dans l'amour et la lumière. Je suis en paix maintenant. En paix dans l'amour et la lumière. » (Répétez le mot « lumière » silencieusement à présent pendant une bonne dizaine de secondes.)

Intégration de nouvelles données

- « Toutes les données qui me sont nécessaires pour vivre dans une parfaite aisance matérielle sont dorénavant intégrées en moi. Un bien-être paisible, solide, durable est mien maintenant dans la paix, l'amour et la lumière. » (Répétez maintenant le mot « lumière » silencieusement pendant une bonne dizaine de secondes.)

Puis continuez...

- « J'ai la possibilité désormais de vivre dans l'aisance matérielle, libre de tout stress financier parce que... » (tout en vous concentrant sur ce qui vient d'être dit, continuez à répéter « parce que » silencieusement pendant une bonne dizaine de secondes).
- « Je possède de quoi me sentir riche et prospère dès maintenant parce que... » (continuez à répéter « parce que » silencieusement pendant une bonne dizaine de secondes).

Puis continuez...

- « Plus rien ne m'empêche désormais de vivre dans le bien-être matériel. Un bien-être fait d'une abondance de bonheur, de joie et de satisfaction matérielle que j'expérimente avec grâce et aisance dans la paix, l'amour et la lumière. » (Répétez maintenant silencieusement « paix, amour, lumière » pendant une bonne dizaine de secondes.)

Puis continuez...

- « Je bénéficie dorénavant d'une abondance de bienfaits que j'accueille avec grâce et aisance. Une abondance de bienfaits que j'accepte avec gratitude dans la paix, l'amour et la lumière. »

(Répétez maintenant silencieusement «paix, amour, lumière» pendant une bonne dizaine de secondes.)

Puis continuez...

- «Je suis en paix. Je suis en paix maintenant. Je suis en paix dans l'amour et la lumière. Je suis en paix maintenant. En paix dans l'amour et la lumière. Je possède désormais tout ce qui m'est nécessaire pour vivre une vie abondamment riche et féconde dans la paix, l'amour et la lumière.» (Répétez maintenant silencieusement «paix, amour, lumière» pendant une bonne dizaine de secondes.)

Puis continuez...

- «Mes capacités à me développer matériellement s'amplifient de jour en jour parce que...» (Continuez de répéter «parce que» silencieusement pendant une bonne dizaine de secondes).

Puis continuez...

- «Ma vie se transforme tranquillement. Des changements tranquilles et paisibles me font vivre chaque jour davantage dans le bien-être matériel en me libérant de mes soucis d'antan. Je suis un être infiniment puissant capable de manifester le bonheur matériel et d'en profiter avec grâce et aisance dans la paix, l'amour et la lumière.» (Répétez maintenant silencieusement

« paix, amour, lumière » pendant une bonne dizaine de secondes.)

Puis continuez...

- « Ma peur de l'avenir disparaît, cette peur de manquer d'argent s'en va, elle n'est plus là. Je sais maintenant que la providence veille au grain parce que... » (Continuez de répéter « parce que » silencieusement pendant une bonne dizaine de secondes).
- « Je suis dorénavant capable d'exprimer librement les dons qui font de moi quelqu'un d'abondamment prospère parce que... » (Continuez de répéter « parce que » silencieusement pendant une bonne dizaine de secondes).
- « Je deviens abondamment prospère dans la grâce et l'aisance parce que... » (Continuez de répéter « parce que » silencieusement pendant une bonne dizaine de secondes).
- « Je m'ouvre chaque jour un peu plus à l'abondance matérielle. Je m'y habitue tous les jours un peu mieux parce que... » (Répétez « parce que » silencieusement pendant une bonne dizaine de secondes).
- « Ma situation financière s'arrange. Les obstacles sautent les uns après les autres. J'ai de plus en plus d'argent parce que... » (Répétez « parce que » silencieusement pendant une bonne dizaine de secondes).
- « La négativité ambiante n'a plus le même effet sur moi. Mes réactions sont positives.

Je reprends pleinement confiance en l'avenir parce que… » (Répétez encore « parce que » silencieusement pendant une bonne dizaine de secondes).

- « Je suis en paix. En paix je suis car j'obtiens désormais tout ce qui m'est nécessaire pour vivre une vie abondamment riche et féconde dans la paix, l'amour et la lumière. » (Répétez maintenant silencieusement « paix, amour, lumière » encore pendant une bonne dizaine de secondes.)

Prenez une bonne respiration lente et profonde. Puis une autre. Puis encore une autre. Buvez un peu d'eau et dégourdissez-vous les jambes une petite minute.

Dernière étape du traitement

Passez en revue votre problème financier personnel. Comment vous sentez-vous en y repensant par rapport à tout à l'heure avant de débuter le protocole ? Si vous avez pris note de votre niveau de détresse à ce moment-là, quel est-il à présent ?

Êtes-vous moins stressé(e) quand vous songez à votre situation matérielle ? Avez-vous repris espoir ? Prenez note de ce qui s'impose à vous. S'agit-il encore d'un doute ? D'une peur que la situation soit trop désastreuse pour qu'elle ne puisse jamais s'arranger ? Ou ressentez-vous une lourdeur quelque part dans votre corps ? Concentrez-vous un instant sur ce que vous ressentez tant de manière physique qu'émotionnelle, puis lisez attentivement ce qui suit :

- « Je commande au plus haut degré de perfection l'annulation de tout programme conscient et inconscient fondé sur une impossibilité de me réaliser pleinement dans la vie en faisant fleurir dès à présent de nouveaux talents et qualités encore inexprimées. »
- « Toute croyance négative à propos de ce qu'il m'est possible d'accomplir dans la vie se fond maintenant dans la lumière en même temps que tous les schémas comportementaux adoptés dans le but de limiter mon bien-être sous n'importe quelle forme qui soit ou de le bloquer. »
- « Toutes les informations et traces énergétiques ayant trait à la pauvreté exprimée dans ma vie sous n'importe quelle forme qui soit fondent à présent dans la lumière en même temps que tous vœux de pauvreté, d'abstinence, d'isolement, de séparation ou de claustration émis par n'importe quelle partie de moi-même pour tout motif qui soit. »
- « Tous les systèmes mis en place à n'importe quel niveau de mon être ou dimensions de mon existence dans le but de me maintenir dans le besoin ou de provoquer ma ruine fondent à présent dans la lumière en y incorporant toutes

formes possibles de malédiction, de châtiment, de pénitence, de repentir ou de mortification. »
- « Toutes les caractéristiques physiques ou autres empruntées dans le but d'être perçu(e) comme quelqu'un de pauvre et de démuni disparaissent de mon apparence et de mon environnement avec grâce et aisance. »
- « Je suis désormais en parfait alignement avec la prospérité qui fait partie de mon plan de vie. »
- « Je vibre désormais à l'unisson d'une vie pleine de joie, de vitalité, d'amour et de prospérité. »
- « Je suis à présent transformé(e) au plus profond de moi-même. Je suis maintenant en mesure de compter les richesses que je possède déjà et de m'en réjouir. Je réalise combien je suis déjà comblé(e) de bienfaits à ce jour. »

Prenez une bonne respiration lente et profonde. Et buvez un peu d'eau. Si possible délassez-vous dans les heures qui vont suivre.

Quelques conseils pour la suite

Essayez de trouver le temps d'effectuer le protocole tous les jours durant les trois prochaines semaines. Votre persistance vous rapportera gros. Vous verrez. Elle sera vraiment payante. Attendez-vous à voir des changements importants survenir dans votre vie. De bons changements vont survenir, cela ne fait aucun doute. Vous ne les verrez peut-être pas aussitôt, bien que cela soit possible. Dans tous les cas, persistez. Continuez ce programme tous les jours jusqu'à conclusion de votre engagement.

Pensez à noter par écrit les transformations qui vont se produire dans tous les domaines de votre vie et pas seulement dans celui de l'argent et des finances. Sachez que cela ne fait aucun doute. C'est votre volonté qui entre maintenant en jeu avec grâce et aisance, dans la paix, l'amour et la lumière.

Maintenant, je vous suggère aussi d'y aller à fond avec la gratitude, de l'exprimer à tout moment, d'en faire votre compagne de tous les instants !

La gratitude

Il y a plus d'une dizaine d'années, mon médecin énergétique (à Las Vegas où je réside depuis longtemps avec ma famille), l'extraordinaire Dr Randall Robirds (extraordinaire dans toute l'acceptation du terme) m'a offert un texte magnifique d'ouverture aux bienfaits de la vie. Histoire sans doute de me donner l'habitude d'exprimer ma reconnaissance, plutôt que de toujours ronchonner sur mes manques tel que je le faisais à l'époque, toujours à me plaindre !

Source de miracles presque immédiats dans ma vie, j'ai aussitôt effectué la traduction de ce texte en français et l'ai inclus dans ma newsletter de l'époque. Je voulais en faire bénéficier les lecteurs sans tarder.

Je savais la puissance bienfaisante d'une lecture de ce texte pour en avoir rapidement fait l'expérience. Il suffisait (et suffit encore) que je le lise attentivement pour que des choses sensationnelles auxquelles je ne m'attends absolument pas se produisent aussitôt dans ma vie. C'est réglé comme du papier à musique. Si bien d'ailleurs que je termine tous mes ateliers par sa lecture, source de bonheur et de joie dans nos vies quand on l'entend à cœur ouvert.

Cela fonctionne de toute évidence très bien et non pas que pour moi puisque ce magnifique texte d'action de grâce (voir plus loin) s'est répandu comme une traînée de poudre à travers les pays francophones. Vous en trouverez la copie un peu partout, notamment sur YouTube dans une vidéo de Lilou Massé intitulée « La gratitude ». C'est un vrai bonheur que de savoir ce texte maintenant entre les mains d'un si grand nombre de gens qui peuvent ainsi en bénéficier grandement. C'est d'ailleurs la raison pour laquelle je l'inclus ici en conclusion du protocole de prospérité.

Croyez-moi, les bienfaits que vous obtiendrez de la lecture journalière de ce texte vous surprendront autant qu'ils vous raviront. Vous aurez la preuve formelle de ce qu'une dose de gratitude peut faire pour améliorer notre vie.

Car c'est un fait reconnu. Dans l'ensemble, nous ne sommes pas assez reconnaissants. Nous manquons de gratitude envers la vie. Un travers qui nous coûte cher car la vie veut être aimée pour nous choyer en retour. Elle veut être appréciée et chouchoutée. Et pourquoi pas ? Après tout, c'est nous la vie !

Couvrir les ingrats de cadeaux n'est pas son genre. La vie veut qu'on s'intéresse à elle pour s'intéresser à nous. C'est normal. Nous en faisons tout autant. Nous tournons le dos aux gens qui nous méprisent. Nous fuyons les grincheux. Ceux qui ne sont jamais contents de rien, toujours à se plaindre. Et que dire de la compagnie de ceux qui savent toujours mieux que tout le monde? De ceux qui tirent continuellement la couverture à eux? Nous en avons vite fait le tour aussi. Et pour la vie, c'est du pareil au même!

S'éveiller au bonheur d'être soi, content de son sort, content de son corps, content de sa vie est une démarche nécessaire à la prospérité. Sa venue ne peut se faire autrement que dans la clarté du bonheur pour la simple raison que la prospérité est impossible à voir dans le noir...

L'abondance sous toutes ses formes, riche en couleur et diversité nous entoure continuellement dans le monde occidental. Nous vivons dans une «société de consommation» honnie par certains, mais dont tout le monde profite. Alors, haut les cœurs, exprimons notre gratitude même dans les situations imparfaites!

Exprimer sa gratitude

Cette action de grâce répétée quotidiennement fait venir à soi des bienfaits extraordinaires.

Du plus profond de moi-même, je rends grâce pour l'amour que je suis. Pour l'amour qui est dans ma vie et pour l'amour qui m'entoure, MERCI.

MERCI pour le miracle de vie que je suis.

Pour le merveilleux cadeau de la vie qui m'habite et qui m'entoure, **MERCI.**

MERCI pour ce corps parfait.
Pour ma santé et pour mon bien-être, **MERCI.**

MERCI pour l'abondance que je suis.
MERCI pour l'abondance que je vois tout autour de moi.
MERCI pour toutes ces richesses. Pour la richesse de ma vie, **MERCI.**

MERCI pour le flot d'argent qui se dirige vers moi et qui s'écoule à travers moi.

Pour l'aventure de ma vie et les myriades de merveilleuses possibilités et probabilités qui s'offrent à moi, **MERCI.**

MERCI pour l'émerveillement, **MERCI** pour la joie, **MERCI** pour la beauté et l'harmonie, **MERCI** pour la paix et la tranquillité, **MERCI** pour les rires et **MERCI** pour les divertissements.

Et **MERCI** pour le privilège de servir et de partager le cadeau que je suis, **MERCI, MERCI, MERCI !**

Du même auteur

Titres parus en librairie

EFT-Emotional Freedom Techniques: Technique énergétique pour la santé, l'épanouissement affectif et la plénitude matérielle, éditions Médicis, 2004 (édition épuisée). Parution de la seconde édition sous le titre : ***EFT Psychologie énergétique,*** éditions Médicis, 2009 et Le Grand Livre du mois (Le Club).

EFT et le Feng Shui, éditions Médicis, 2009 et Le Grand Livre du mois (Le Club)

L'Harmonisation énergétique du corps et de l'habitat; Les techniques méridiennes et le Feng Shui à l'œuvre dans votre vie, éditions Le Dauphin Blanc, 2005 (édition épuisée).

Feng Shui : l'outil de l'harmonie pour réussir sa vie, éditions Dervy et Le Grand Livre du mois (Le Club), 1999.

Le Guide magique du tarot divinatoire : 9240 combinaisons interprétées, éditions du Rocher, 1997 (édition épuisée).

Titres disponibles sous format électronique (e-book document PDF) sur le site : www.SophieMerle.com

Chassez votre phobie du bout des doigts. Cet ouvrage explique de manière détaillée comment pratiquer EFT-Emotional Freedom Techniques pour traiter l'anxiété chronique et les phobies.

Maigrir facilement avec le régime EFT. Cet ouvrage explique de manière détaillée comment pratiquer EFT-Emotional Freedom Techniques pour se délester facilement de ses kilos en trop et se maintenir à son poids idéal.

Le Bonheur. Cet ouvrage explique de manière détaillée comment pratiquer EFT-Emotional Freedom Techniques pour trouver la joie de vivre (ou la retrouver).

Recueil de techniques énergétiques. Cet ouvrage vous introduit aux modalités énergétiques les plus renommées, accompagné de nombreux protocoles de soins émotionnels couvrant la plupart des situations désagréables que l'on rencontre couramment dans la vie.

Recueil de protocoles EFT. Cet ouvrage comprend vingt protocoles de soins présentés sous forme de séances complètes de EFT d'une durée moyenne d'une heure à peu près.

Guide pratique du procédé Zensight. Cet ouvrage fourni une description détaillée de la pratique du procédé Zensight et s'accompagne de nombreux protocoles de soins énergétiques, notamment d'un destiné à la réharmonisation des différents centres énergétiques du corps.

Le Guide pratique du feng shui facile:
www.guide-pratique-du-feng-shui-facile.com

Protocoles présentés sous format audio (Mp3)

«Je doute de l'efficacité de EFT». Ce protocole audio vous est offert en cadeau sur le site www.SophieMerle.com.

«Abondance et Opulence». Ce protocole au moyen du puissant procédé Zensight, se présente sous forme d'une session complète de soins énergétiques d'une durée de 32 minutes, où vous vous laissez bercer par la narration d'une série de phrases spécifiquement élaborées dans le but de guérir les raisons profondes de vos manques d'argent et autres soucis matériels, vous servant d'un mot spécifique qui indique à votre esprit inconscient d'effectuer le travail de guérison que vous lui soumettez. Disponible en téléchargement MP3 immédiat sur le site www.SophieMerle.com pour une valeur de 21,95 euros, vous en obtiendrez une copie que vous pourrez enregistrer du CD, ou écouter à votre convenance sur ordinateur ou iPod.

« La réharmonisation énergétique avec le procédé Zensight » est disponible en téléchargement audio (Mp3) pour 49,95 euros sur le site www.SophieMerle.com. Vous en obtiendrez une copie que vous pourrez enregistrer sur CD ou écouter à votre convenance sur ordinateur ou iPod. Ce protocole de réharmonisation de vos différents centres énergétique se présente sous forme d'une session complète d'une durée de 43 minutes où je vous guide de bout en bout. Crée par Carol Ann Rowland, psychothérapeute spécialisée dans le traitement des traumatismes psychiques, le procédé Zensight est une technique de soins énergétiques qui fait appel à nos pouvoirs personnels de guérison en incitant l'aide directe de son esprit inconscient.

Titres disponibles à l'achat sur le site du procédé « JEcommande... » www.DivineCommande.com

Manuel de la méthode « Tape, tape... Commande ! ». Cet ouvrage explique en détail comment utiliser la méthode « Tape, tape... Commande ! » qui est l'union prolifique du puissant procédé « JEcommande... » à la dynamique de tapping de EFT-Emotional Freedom Techniques. Si vous aimez le tapping, vous allez adorer la méthode « Tape, tape... Commande! » qui va vous en facilité grandement l'utilisation. Plus de simplicité pour une efficacité surmultipliée!

***Pour de plus amples renseignements
sur les e-books ou autres produits,
de même que pour des sessions individuelles,
vous pouvez me contacter à l'adresse suivante :
FondationEFT@aol.com***

Table des matières

DEUXIÈME PARTIE

TROISIÈME PARTIE

conception
réalisation
mise en page
pca
44405 Rezé cedex

Achevé d'imprimer en décembre 2013 par EMD S.A.S. – 53110 Lassay-les-Châteaux
N° d'impression : 28819 – Dépôt légal : avril 2012

Imprimé en France